MW01181997

Biblija za djecu

Biblija za djecu
Michael C. Armour

Naslov izvornika:
The Bible for Young Readers
Michael C. Armour

Prijevod i obrada:	Dragica Jovanović
Lektura:	Sanja Matasić
Korektura:	Nataša Sulić
Ilustracije:	Aleksander Ermolovič
Grafičko oblikovanje:	Scott Hayes
Naklada:	120.000

ISBN 978-1-946110-40-4

Dječja Biblija se dijeli besplatno. Nije za prodaju.
Ovaj dar distribuira kršćanska služba "Hrvatska za Krista", a financiran je od strane "Eastern European Mission" (Istočnoeuropske misije).

www.eemeurope.org

Distribucija:

"Hrvatska za Krista"
Vilka Novaka 48F
42000 Varaždin
www.croatiaforchrist.com

2020.

Michael C. Armour

Biblija za djecu

Eastern European Mission
2020.

Sarajevo, 5. srpnja 2020.

Potreba – upoznati Bibliju i od Božje Riječi živjeti

Tijekom rata u nekoliko sam navrata dijelio razna izdanja Biblije, posebno Novoga zavjeta, kako bi Riječ Božja bila utjeha i izvor nade u teškim danima kušnje.

Nakon rata uočljiv je zamor kod ljudi te opasnost od gubljenja nade. Opet sam osjetio potrebu da izazovem ljude da se uhvate Biblije, Riječi Božje te se tako otmu beznađu i obeshrabrenju.

Kako je nastupila gospodarska kriza i radi COVID-19 i radi drugih zbivanja, sve je manja mogućnost kupovanja. Elektronički mediji udaljili su ljude od čitanja. Stoga ponovno valja probuditi u ljudima interes za Božju Riječ.

Dok sam o tome razmišljao, došli su mi u posjet predstavnici EEM-a (Istočnoeuropske misije) koji su se dali u apostolat širenja Biblije. Donijeli su mi dva primjerka izdanja **BIBLIJE ZA DJECU** od Michaela C. Armoura u izdanju Eastern European Mission 2020. Prepričana Božja riječ popraćena slikama. Nije samo za djecu, nego je i stariji svijet posegnuo za tom Biblijom jer su krupna slova pa se ne moraju patiti čitati. Također su mi donijeli **BIBLIJU ZA MLADE**, Ilustrirane biblijske priče za mlade od Scotta Hayesa & Lynn R. Camp od istog izdavača. Obje su poklon te sam ih s radošću prihvatio.

Tiska se darovima dobročinitelja te se badava dijeli. Uz to su donijeli ponudu i drugih izdanja Novoga zavjeta, što sam velikodušno prihvatio, kako bih mogao zainteresirati vjernike da češće čitaju i upoznaju Isusa Krista, upoznavajući Riječ Božju.

Zahvalan sam svim dobročiniteljima koji podupiru ovaj apostolat, kao i svim djelatnicima oko pripreme i širenja ovih Biblija. Bio bih silno zadovoljan da se svaka obitelj više i češće pozabavi Riječju Božjom kako bi liječili ratne rane i sve rane koje svagdašnjica donosi te da više zračimo vjerničkom nadom i svjedočenjem u Uskrsloga Krista.

Na sve zazivam Božji blagoslov uz iskrene pozdrave!

Vinko kardinal Puljić
nadbiskup metropolit vrhbosanski

STARI ZAVJET

Početak svijeta

Davno, na početku vremena, Bog je stvorio svijet. Stvorio je zemlju i nebo. Stvorio je sve.

Prvo je bila samo tama. Tada je Bog rekao: "Neka bude svjetlo!"

Odjednom je zasjalo blještavo svjetlo.

"Ovo je dobro", rekao je Bog. Svjetlu je dao ime "dan", a tamu je nazvao "noć".

Sljedećeg dana Bog je stvorio nebo i duboko, plavo more. More je bilo toliko veliko da je prekrivalo cijelu zemlju.

Trećeg dana Bog je rekao: “Neka se iz vode izdigne suha zemlja!”

Nakon tih riječi pojavilo se kopno. Sad je svijet imao brda i doline, jezera i rijeke. Zemlja je počela dobivati sadašnji oblik.

Tada je Bog prekrio zemlju zelenim biljem. Posvuda je stavio visoka stabla i predivno cvijeće. Ispunio je svijet bojom.

I još je jednom rekao: "Ovo je dobro."

Četvrtog dana Bog je stvorio Sunce, Mjesec i zvijezde.

Zatim je petog dana stvorio ptice koje lete nebom. Stavio je i ribe u rijeke, jezera i mora.

Šestog dana Bog je stvorio sve vrste životinja. Stvorio je divlje i pitome životinje, one koje pasu na zelenim poljima i one koje gmižu tlom. Stvorio je svaku životinju na svijetu.

Tako je Bog skoro završio stvaranje. Nedostajalo je još samo jedno. Nije bilo ljudi.

Tada je Bog stvorio muškarca i ženu. Nazvao ih je – Adam i Eva.

Bog je pogledao sve što je stvorio i rekao je: "Ovo je sve jako, jako dobro."

Prvi muškarac i žena

Bog je dao Adamu i Evi predivno mjesto za život. Zvalo se Eden.

Posvuda su rasla stabla prepuna plodova. Adam i Eva su jednostavno nalazili hranu.

Ali Bog ih je upozorio na jedno stablo u vrtu. “Ne jedite plodove s onog stabla”, rekao je. “Ako to učinite, umrijet ćete”.

Jednog je dana Eva stajala blizu stabla i promatrala ga. Tada je začula glas stvora po imenu Sotona. Sotona se mogao pretvoriti u bilo koje biće. Kad je govorio Evi, izgledao je kao zmija.

Sotona je upitao: “Zar vam je Bog zabranio da jedete plodove s ovog stabla?”

“Da, tako je Bog rekao”, odgovorila je Eva.

“Nećete umrijeti”, rekao je Sotona. “Plodovi ovoga stabla učinit će vas vrlo, vrlo mudrima.”

Eva je posegnula i uzela plod sa stabla. Kušala ga je i svidio joj se okus. Dala je i Adamu. I on je jeo.

Čim su to učinili, posramili su se jer nisu poslušali Boga. Uplašili su se i pokušali se sakriti.

Ali Bog je znao što su učinili. Naredio je Adamu i Evi da napuste Eden i rekao je: “Nikad se više ne smijete vratiti!”

Izvan Edena su teško nalazili hranu. Morali su obrađivati zemlju i naporno raditi da bi uzgojili bilje za hranu.

Ali Bog je bio dobar prema njima. Pustio ih je da žive mnogo, mnogo godina.

Prva braća

Adam i Eva su pronašli novi dom i počeli imati djecu. Njihovo prvo dijete bio je dječak po imenu Kajin.

Uskoro su dobili i drugog sina i nazvali ga Abel. Kad su dječaci odrasli, Kajin je postao poljoprivrednik, a Abel stočar.

Jednoga dana, dok su bili zajedno na polju, Kajin se rasrdio na Abela. Udario je Abela i ubio ga.

Bog je vidio što se dogodilo. Kasnije je upitao Kajina: "Gdje ti je brat?"

Kajin je odgovorio: "Ne znam. Zar se ja trebam brinuti za svoga brata?"

Bog je odgovorio: "Zato što si ubio Abela, bit će ti teško u životu. Ništa što posiješ, neće ti rasti. Uvijek ćeš imati malo hrane."

I dodao je: "Ostatak života provest ćeš putujući od mjesta do mjesta, tražeći hranu."

Tada ga je Bog otjerao. Adam i Eva su ostali sami i tužni. Više nisu imali obitelj.

Kasnije su Adam i Eva dobili još jednog sina. Nazvali su ga Šet. Nakon toga se obitelj povećala za još djece – sinova i kćeri. Uskoro su imali mnogo unuka. Obitelj je sve više rasla, dok nije postala jako, jako velika.

Noina velika arka

Prošle su stotine godina. Na svijetu je živjelo sve više i više ljudi. Počeli su graditi naselja i gradove. Naučili su kako se izrađuje alat od željeza i bronce. Skladali su glazbu na citrama i frulama.

Ali jako su žalostili Boga. Bili su oholi i uživali u tome da čine zlo. Bog je odlučio da će pronaći dobrog čovjeka.

Tražio je i tražio. Pronašao je samo jednoga. Bio je to Noa.

Bog mu je rekao: “Svijet je prepun zlih ljudi. Poslat ću veliku poplavu i uništiti ih.”

Zatim je Bog zapovjedio Noi da izgradi veliku lađu, arku. Bila je dovoljno velika da primi Noinu obitelj i stotine životinja.

"Arka će te zaštititi od pogibelji", rekao je Bog.

Noa je gradio arku mnogo godina. On i njegova tri sina sjekli su velika stabla. Od njih su izrađivali debele grede i dugačke daske. Izgradili su mnoge prostorije u arci i na vrh stavili krov.

Kad je arka bila gotova, Bog je Noi poslao životinje svih vrsta. Dolazile su dvije po dvije, a Noa ih je puštao u arku. Na kraju su u nju ušli i Noa i njegova obitelj.

Uskoro su počele kiše. Voda je prvo prekrila putove i polja. Zatim je prekrila kuće i gradove. Palo je još više kiše, i arka je počela plutati.

Kiša je padala četrdeset dana. Čak su i najviše planine bile pod vodom. Noa i njegova obitelj bili su jedini ljudi koji su preživjeli.

Božje obećanje Noi

Nakon što je kiša prestala, arka je plutala na vodi skoro četiri mjeseca. Vode su se polako povlačile. Jednoga je dana arka dodirnula tlo.

Noa je otvorio prozor na arci. U ruci je držao crnog gavrana. Pustio je pticu da odleti. Gavran je letio uokolo iznad vode.

Nakon toga je Noa pustio goluba. Golub se vratio na arku jer nije našao mjesto gdje bi mogao sletjeti.

I tako je Noa čekao još sedam dana. Ponovo je poslao goluba. Sada se ptica vratila sa zelenom grančicom u kljunu. Noa se nasmiješio. Znao je da su biljke počele rasti.

Tjedan dana kasnije Noa je još jednom pustio goluba. Ovog puta ptica se nije vratila. Golub je pronašao hranu. Zemlja je bila suha, čak i u dolinama. Došlo je vrijeme da Noina obitelj napusti arku.

Noa je izveo životinje iz arke. Zemlja je bila svježa i zelena. Životinje su se rastrčale u potrazi za novim domom.

Noa je također odabrao mjesto na kojem će se pokloniti Bogu. Zahvalio mu je što mu je sačuvao obitelj. Bog je odgovorio: “Dajem ti ovo obećanje. Više nikada neću potopom uništiti svijet.”

Zatim je Bog pokazao Noi predivnu dugu. “Kad vidiš dugu”, rekao je Bog, “uvijek se sjeti mog obećanja”.

Abraham vjeruje Bogu

Nakon potopa, Noina je obitelj brzo rasla. Sinovi su mu dobili mnogo djece i unučadi. Uskoro je bilo previše ljudi na jednome mjestu. I tako su se raselili u daleke krajeve. Izgradili su veličanstvene gradove i stvorili snažna kraljevstva. Mnogi od njih su se obogatili.

Jedan od njih bio je Abraham. Posjedovao je mnogo stoke – ovaca i deva. Trebao je mnogo radnika da se brinu za njegovu stoku.

Abrahamova lijepa žena zvala se Sara. Volio ju je svim srcem. Ali Abraham i Sara su bili tužni jer nisu imali djece.

Jedne noći Bog je rekao Abrahamu da podigne pogled prema nebu. “Možeš li izbrojiti zvijezde?”, upitao je Bog.

"Ne mogu", odgovorio je Abraham.

"Ni tvoja obitelj se neće moći izbrojati. Tvoja će obitelj dati svijetu nešto predivno", rekao je Bog.

Ovo je bilo teško povjerovati. Kako bi Abraham mogao imati veliku obitelj? On i Sara prestari su da bi mogli dobiti dijete. No, Abraham je vjerovao da će Bog ispuniti obećanje.

Bog je zapovjedio Abrahamu: "Ti i Sara trebate se preseliti u drugu zemlju."

Abraham i Sara su poslušali. Zaputili su se na dugo putovanje do svoga novog doma. Abraham je uzeo svoju stoku i sve svoje sluge.

Njihov novi dom bio je u zemlji Kanaan. Živjeli su u šatorima kako bi bili blizu svoje stoke. Bog je rekao Abrahamu: "Jednom će cijeli Kanaan pripadati tvojoj obitelji."

Kasnije su trojica muškaraca došla do Abrahamova šatora. Abraham ih je upitao: "Želite li nešto pojesti?" Sjeli su s Abrahamom, a Sara im je pripremila obrok.

Ovi su ljudi došli od Boga. Imali su iznenađenje za Abrahama. Dok su jeli, muškarci su rekli: "Za godinu dana Sara će roditi sina."

Kad je Sara ovo čula, nasmijala se. Kako bi ona mogla imati dijete? Bila je prestara.

No, godinu dana kasnije rodila je dijete, baš kao što je Bog obećao. Abraham je dječaka nazvao Izak, što znači "smijeh".

Žena za Izaka

Abraham i Sara uživali su u svom sinu Izaku. Kad je Izak odrastao, Abraham je za njega htio naći dobru ženu. Kanaanci nisu vjerovali u Boga. Abraham je rekao Izaku: "Trebao bi se oženiti djevojkom koja vjeruje u Boga."

I tako je Abraham pozvao svog najvjernijeg slugu. "Potraži Izaku ženu", rekao mu je. "Obitelj moga brata živi u dalekom gradu. Idi tamo i pronađi dobru ženu."

Sluga se s deset deva uputio na dugi put. Sa sobom je ponio zlato, srebro i finu odjeću. Kad je stigao do grada, deve su ožednjele. Zaustavio se pokraj zdenca.

Tada je na zdenac došla lijepa djevojka. Upitao ju je: "Kako se zoveš?"

"Zovem se Rebeka", odgovorila je. Bila je iz Abrahamove obitelji. Njezin djed i Abraham bili su braća.

Rebeka je bila dobra prema slugi. Pomogla mu je da napoji deve. Također mu je ponudila mjesto za odmor. "Možeš ostati kod moje obitelji", rekla je.

Sluga se zahvalio i otpratio je do kuće. Njezina ga je obitelj srdačno dočekala i upitala za Abrahama i Saru.

Sluga je i dalje promatrao Rebeku. "Ona bi Izaku bila dobra žena", pomislio je.

Upitao ju je: “Bi li se htjela udati za Izaka?” Rebeki i njezinoj obitelj svidjela se ta pomisao. Radosno je prihvatila: “Da, hoću!”

Sluga im je dao lijepe darove, zlato i srebro. Rebeki i njezinoj majci dao je prekrasnu odjeću.

Rebeka je jedva čekala da krenu na put. Uzela je sve što ima i stavila svoje torbe na deve.

Njezina je obitelj molila Boga da čuva Rebeku. Zatim su se svi pozdravili. Ona i sluga krenuli su na dugi put do Kanaana.

Jakov vara svoga oca

Čim je Izak vidio Rebeku, zaljubio se u nju. Sluga mu je odabrao predivnu ženu.

Uskoro su Izak i Rebeka dobili dva sina. Stariji se zvao Ezav, a mlađi Jakov.

Ezav i Jakov bili su blizanci, ali nisu bili slični. Ezav je imao guste dlake na rukama i nogama, a Jakovljeva je koža bila glatka.

Dok su odrastali, Ezav je volio lov i život u divljini. Jakov nije bio lovac. Uživao je provoditi vrijeme u blizini kuće.

Izak je već ostario. Bio je slijep i bolestan. Došlo je vrijeme da netko drugi vodi obitelj.

Rekao je Ezavu: "Idi u lov i donesi mesa. Pripravi mi dobro jelo. Jest ću i tada ću te proglasiti vođom ove obitelji." Ove riječi su se nazivale – blagoslov.

Rebeka je više voljela Jakova nego Ezava. Htjela je da Jakov dobije blagoslov. Odlučila je prevariti Izaka i Ezava.

Rekla je Jakovu da će pripremiti ukusan obrok. Odjenula je Jakova u Ezavovu odjeću. Tada je stavila kozlićevo runo na Jakovljeve ruke.

Jakov je ocu odnio jelo i pretvarao se da je Ezav. Izak je primijetio: "Glas ti zvuči kao Jakovljev."

Zatim je Izak pomirisao Jakovljevu odjeću. Odjeća je mirisala kao Ezavova. Zatim je Izak dotaknuo Jakovljeve ruke prekrivene dlakom. "Ovo mora biti Ezav", pomislio je starac.

I tako je Izak blagoslovio Jakova i predao mu vodstvo obitelji.

Jakov bježi kako bi spasio život

Kad se Ezav vratio kući, donio je Izaku jelo. “Oče, došao sam po blagoslov.”

Izak je odgovorio: “Već sam ti ga dao. Onda kad si mi donio jelo.”

“Ali ja nisam bio ovdje”, odgovorio je Ezav. “Nisam ti donio jelo.”

Izak i Ezav shvatili su da ih je Jakov prevario. Ezav je bio bijesan. Odlučio je ubiti svoga brata.

Rebeka je čula kako Ezav prijeti. Upozorila je Jakova: "Moraš pobjeći! Daleko. Idi k mojem bratu Labanu."

Jakov je žurno otišao, brzo koliko su ga noge nosile. Umorio se. Noću je spavao na zemlji, a umjesto jastuka stavio bi kamen.

Usnuo je čudan san. Vidio je ljestve koje vode prema nebu. Anđeli su se uspinjali i spuštali po njima.

Bog je stajao na vrhu ljestava. Rekao je Jakovu: "Dajem ti obećanje. To je isto obećanje koje sam dao Abrahamu. Imat ćeš obitelj koja se neće moći izbrojiti. I tvoja će obitelj dati svijetu nešto predivno."

Ujutro je Jakov rekao: "Ovo je posebno mjesto. Ovdje se Bog sa mnom sastao."

Uzeo je kamen koji je koristio kao jastuk i uspravio ga. Obilježio je mjesto susreta s Bogom.

Jakovljeva velika obitelj

Nakon mnogo dana hoda Jakov je stigao do Labanove kuće.

Laban je bio vrlo bogat. Imao je stotine krava, ovaca i koza. Laban je Jakova zadužio za rad sa stokom.

Jakov je dvadeset godina služio Labanu. Oženio je dvije Labanove kćeri. Dok je živio kod

Labana, dobio je dvanaestero djece –jedanaest sinova i jednu kćer.

Bog je pomogao Jakovu da se obogati. Postao je vlasnik stotina ovaca, koza, krava i deva. Trebao je mnoge sluge da se brinu za njegovu stoku.

Jakov nije volio Labana. Smatrao je da Laban nije pošten prema njemu. Jednoga je dana sazvao svoju obitelj. "Odlazimo u Kanaan!", rekao je. "Odlazimo odmah!"

Sluge su prikupili stoku i Jakovljeva obitelj brzo se spremila za put. Svi su krenuli za Kanaan.

Kad je Ezav saznao da mu se brat Jakov vraća kući, poslao mu je poruku: "Dočekujem te s četiri stotine ljudi."

Ova je poruka prestrašila Jakova. "Zar me Ezav još uvijek želi ubiti? Dovodi li Ezav svoje ljude da me napadnu?"

Ali nije bilo razloga za strah. Ezav nije više bio gnjevan. Odavno je oprostio Jakovu. Poslao je ljude da pomognu Jakovljevoj obitelji i slugama.

Kad su se sreli, pali su jedan drugome u zagrljaj. Jakov je Ezavu ponudio darove, ali Ezav ih nije htio uzeti. Htio je samo jedno - da obitelj bude ponovo zajedno.

Omiljeni sin

Nakon što je Jakov došao u Kanaan, rodio mu se još jedan sin. Sad je imao dvanaest sinova i kćer.

Josip mu je bio omiljeni sin. Jakov je Josipu dao satkati prekrasan ogrtač, vrlo skup i u mnogo raznih boja.

Drugi sinovi nisu voljeli Josipa. Zavidjeli su mu na prelijepom ogrtaču. Uznemiravao ih je svojim snovima.

U jednom njegovom snu Josip i braća željeli su žito. Vezali su žito u snopove. Snopovi koje su vezala braća klanjali su se Josipovu snopu.

U drugom je snu Josip vidio Sunce, Mjesec i dvanaest zvijezda. Jedna zvijezda nosila je Josipovo ime. Druge su joj se zvijezde klanjale, baš kao i snopovi.

Kad je Josip obitelji rekao o svojim snovima, braća su se rasrdila. “Moramo se riješiti Josipa”, rekli su.

Jednoga dana Josip i braća bili su daleko od kuće. Uhvatili su Josipa, razderali mu odjeću i vezali ga. Odveli su ga trgovcima, koji su išli prema Egiptu.

“Ovaj je čovjek rob”, rekla su braća. “Prodat ćemo vam ga”. I tako je Josip postao rob i bio odveden u Egipat.

Josip u zatvoru

U Egiptu je Josip prodan čovjeku koji je štitio faraona, egipatskog vladara. Upravljao je mnogim vojnicima.

Josip je naporno radio za ovog čovjeka. Uvijek je bio pošten i pokušavao dobro obaviti svoju službu.

Josip se svidio ženi svoga gospodara.

Jednoga je dana žena lažno optužila Josipa. Rekla je da ju je napastovao.

Njezin joj je muž povjerovao. Josip je bio bačen u zatvor.

U zatvoru je Josip stekao mnoge prijatelje. Uskoro su shvatili da je Josip vrlo mudar i da daje dobre savjete. Svi su mu vjerovali jer je uvijek činio ono što je ispravno.

Drugi zatvorenici rado su Josipu govorili o svojim snovima. Josip ih je pozorno slušao. Zatim im je tumačio značenje njihovih snova.

Jednom je čovjeku rekao: “Bio si kraljev sluga. Tvoji snovi govore da ćeš mu ponovo služiti. To će se dogoditi za tri dana.”

“Kad ponovo počneš služiti kralju”, zamolio je Josip, “nemoj me zaboraviti. Pomozi mi da iziđem iz zatvora”. Čovjek je obećao da će pomoći Josipu.

Tri dana kasnije, baš kao što je Josip obećao, čovjek se vratio u službu u palaču služiti kralju. Bio je tako radostan što je izašao iz zatvora da je zaboravio na obećanje koje je dao Josipu.

Kralj postavlja Josipa za vođu

Josip je ostao u zatvoru još dvije godine. Onda je jedne noći kralj usnuo čudne snove.

U jednom snu kralj je vidio sedam debelih krava kako izlaze iz rijeke. Nakon toga je sedam mršavih krava izašlo iz rijeke. Mršave krave pojele su debele.

Drugi je san bio o sedam klipova kukuruza. Bili su debeli i puni zrnja i svi su rasli na jednoj stabljici. Druga je stabljika imala sedam klipova koji su bili sasušeni i tanki. Tanki klipovi pojeli su debele.

"Što znače ovi snovi?", upitao je kralj svoje savjetnike. Nitko mu nije znao odgovoriti.

Tada se njegov sluga sjetio Josipa.

"Josip će znati što ti snovi znače." Rekao je kralju što mu se dogodilo u zatvoru. I tako je kralj oslobodio Josipa iz zatvora.

Josip je rekao kralju: "Sanjao si o onome što će se uskoro dogoditi. Prvo će Egipat imati sedam dobrih godina. Bit će bogati usjevi i hrane u izobilju."

"Ali nakon toga doći će sedam loših godina. Neće biti hrane."

Josip je nadodao: "Ovo bi trebao učiniti: Idućih sedam godina sačuvaj sav višak hrane. Time ćeš hraniti svoj narod kad dođu loše godine."

Kralju se svidio njegov plan. Imenovao je Josipa nadglednikom za čuvanje viška uroda. U svakom gradu sakupljali su i spremali usjeve u velike spremnike. Tako je Josip postao moćan vođa u Egiptu.

Josipova braća dolaze u Egipat

Egipat je doživio sedam godina dobrih usjeva. Nakon toga, baš kao što je Josip rekao, došle su loše godine. Ništa nije raslo i hrane je bilo sve manje.

Josipova su braća gladovala u Kanaanu. Nisu mogli prehraniti obitelji. Gdje bi mogli naći hranu?

Jakov je saznao da u Egiptu ima hrane. Poslao je sinove u Egipat po žito.

Sinovi su se sastali s Josipom, ali nisu znali da im je on brat. Promijenio se. Bio je stariji i odijevao se kao egipatski vladar.

Braća su se poklonila pred Josipom. Ovo je bilo baš kao u snovima prije mnogo godina. Josip nije htio reći braći tko je. Kupili su žito i otišli kući.

Kasnije su došli kupiti još žita. Ponovo su se poklonili pred Josipom. Ovog puta je rekao: "Ja sam Josip, vaš brat."

Prvo su se uplašili. Pa oni su prodali Josipa u roblje. Je li još uvijek gnjevan na njih?

Ali Josip ih je zagrlio. Rekao im je da se ne plaše. "Bog je učinio da sve bude dobro", rekao je.

Zatim ih je pozvao da se presele u Egipat. Požurili su natrag u Kanaan i rekli Jakovu

o Josipu. Okupili su obitelji, ovce, stoku i sluge. Svi su se preselili u Egipat kako bi živjeli blizu Josipa.

Dijete u košari

Bog je za Jakova imao posebno ime. Nazvao ga je Izrael. Ljudi iz njegove obitelji zvali su se Izraelci.

Nakon što su Jakov i Josip umrli, Izraelci su ostali u Egiptu. Bilo im je sve teže. Novi vladari nisu voljeli Izraelce i učinili su ih robovima.

Vladari su prisiljavali Izraelce da rade najteže poslove u Egiptu. Bili su prema njima okrutni i tukli su ih. Jedan je kralj odlučio pobiti sve novorođene dječake.

Izraelci su pokušali zaštititi svoje sinove. Jedna je obitelj napravila košaru koja ne propušta vodu i stavila je sinčića u nju.

Zatim je dječakova sestra odnijela košaru na rijeku. Znala je da nitko neće tražiti dijete u rijeci. Stavila je košaru u plitku vodu i sakrila se na mjesto s kojeg je može promatrati.

Na rijeku je došla kraljeva kći. Vidjela je košaru i uzela dijete iz nje. Svidio joj se dječak. “Zadržat ću ovo dijete”, rekla je. “On će biti moj sin.”

Dala mu je ime – Mojsije. Odrastao je u palači gdje je imao najbolje učitelje.

Mojsije i gorući grm

Kada je Mojsije odrastao, saznao je da je Izraelac. Kad je pokušao pomoći svom narodu, to je razbjesnilo kralja. Mojsije je pobjegao kako bi spasio život. Otišao je u daleku zemlju, gdje je živio četrdeset godina čuvajući ovce.

Jednoga dana, dok su ovce pasle u podnožju planine, vidio je na planini čudan grm u plamenu. Gorio je, ali nije sagorijevao.

Mojsije se popeo na planinu i prišao grmu. U tom ga je trenutku Bog zazvao. Izgledalo je kao da Božji glas dolazi iz vatre.

Bog je rekao Mojsiju da se vrati u Egipat. "Odnesi ovu poruku kralju", rekao je Bog. "Izraelci su moj narod. Želim da moj narod napusti Egipat."

Mojsije se plašio povratka u Egipat. Bog mu je obećao: "Ja ću te čuvati. Ja ću se brinuti za Izraelce. Ti ćeš ih voditi u Kanaan. Dobit će zemlju koju sam obećao Abrahamu."

Mojsije je i dalje bio uplašen, ali je poslušao Boga i vratio se u Egipat. Pronašao je brata i sestru i rekao im što Bog želi od njega. Oni su mu obećali pomoći.

Kralj kaže: "Ne!"

Mojsije je otišao u palaču. Stao je pred kralja i rekao: "Bog želi da Izraelci, njegov narod, napuste Egipat."

Kralj je odgovorio: "Tvoj narod ne može otići. Mora ostati, i mora još teže raditi."

Kralj nije vjerovao u Boga. Zato je Bog rekao Mojsiju: "Pokazat ću kralju svoju veliku moć."

Prvo je Bog pretvorio svu egipatsku vodu u krv. Rijeke i jezera bili su ispunjeni krvlju. Nitko nije mogao pronaći vodu za piće.

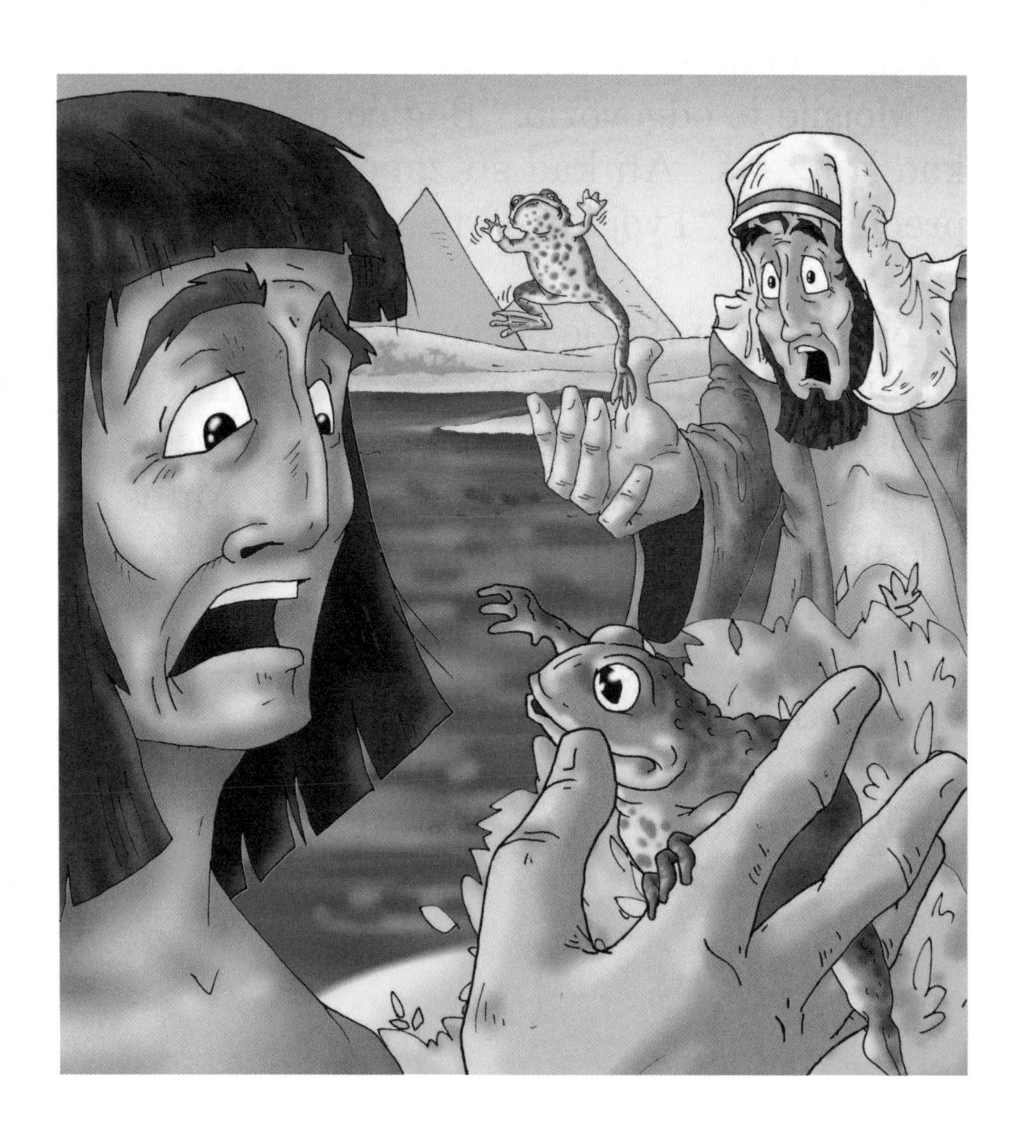

Sedam dana kasnije Bog je prekrio zemlju žabama. Nitko nije mogao hodati, a da ne stane na žabu. Žaba je bilo čak i u krevetima ljudi.

Kralj je rekao Mojsiju: "Pustit ću tvoj narod, ali prvo učini da žabe odu."

Mojsije je odgovorio: "Bog će ukloniti žabe, kao što želiš." Ali kad su žabe otišle, kralj se predomislio. "Tvoj narod ne može otići", rekao je.

Nakon toga Bog je poslao komarce. Komarci su bili posvuda – na hrani, na ljudima, na životinjama... Nitko im nije mogao pobjeći.

Zatim je Bog poslao rojeve muha. Muhe su bile na svemu, baš kao i komarci. Ali tamo gdje su živjeli Izraelci muha nije bilo.

Ponovo je kralj rekao: "Oslobodi nas muha i tvoj narod može ići."

Opet kralj nije održao riječ. Kad su muhe otišle, ponovo je rekao: "Morate ostati."

Mračan dan u Egiptu

Kralj nije održao svoja obećanja. Zato je Bog pred njega stavio još mnoge teškoće.

Po cijelom Egiptu razbolijevala se stoka. Mnoga je uginula. Ali Izraelcima stoka nije ugibala. I nakon svega toga kralj nije dopustio Izraelcima da odu.

Zatim je Bog poslao bolest na Egipćane. Tijela su im se osula čirevima, od glave do pete. Tako ih je boljelo da nisu mogli ustati.

Mojsije je rekao kralju: “Bog će sutra poslati strašno nevrijeme. Uvedi ljude u kuću. Ne dopusti da itko ostane vani.”

Idućeg je dana stiglo nevrijeme. Iz olujnih oblaka padala je velika tuča koja je potukla sve biljke. Bila je tako jaka da je lomila grane drveća. Grmljavina je tutnjala cijeli dan.

Kralj je rekao: “Pogriješio sam što nisam poslušao Boga. Ovaj put Izraelci mogu ići.”

Bog je zaustavio nevrijeme. Ali ni tada kralj nije održao obećanje. Kraljevi prijatelji preklinjali su ga da pusti Izraelce, ali kraljev je odgovor bio: “Ne!”

Tada je Mojsije upozorio kralja: “Dolaze rojevi skakavaca. Sutra će prekriti sve. Nećete moći ni tlo vidjeti.”

Kad su stigli skakavci, pojeli su sve biljke koje su preostale od tuče. Pojeli su čak i lišće s drveća. Ipak, kralj nije puštao Izraelce.

Zatim je Bog prekrio Egipat mrklom tamom. Bilo je mračno usred dana. Ljudi nisu mogli izići iz kuća jer nisu vidjeli prst pred nosom. No, ondje gdje su živjeli Izraelci, sunce je bilo u punom sjaju.

Mrkli se mrak tri dana nadvijao nad Egiptom. Kralj je tada bio spreman ubiti Mojsija. Rekao mu je: “Da više nikad nisi došao u moju palaču!”

Tada je Bog rekao Mojsiju: “Kralj će vas uskoro pustiti. Reci ljudima da budu spremni.”

Izraelci su se okupili u svojim domovima. Jeli su obilan obrok i čekali da vide što će Bog učiniti.

Te je noći smrt pohodila Egipat. U svakoj egipatskoj obitelji umro je prvorođeni sin. Umro je i kraljev sin. Samo među Izraelcima nitko nije umro.

Kralj je pozvao Mojsija u palaču. “Uzmi svoj narod i odlazi!”, rekao je. Idućeg dana Izraelci su napustili Egipat. Uzeli su sve što su imali i krenuli prema kanaanskoj zemlji.

Prelazak preko mora

Putujući iz Egipta Izraelci su stigli do Crvenog mora. Zaustavili su se na obali kako bi se odmorili.

Pogledali su natrag prema Egiptu. Vidjeli su kraljevu vojsku u daljini kako dolazi za njima. Brzo su se približavali.

Kralj se ponovo predomislio. I dalje je htio da Izraelci ostanu njegovi robovi. Zato je poslao svoju vojsku da ih vrati u Egipat.

Izraelci su bili preplašeni. Nisu imali vremena za gradnju lađa kako bi prešli preko mora. Nisu mogli pobjeći vojsci.

Mojsije im je rekao: "Ne plašite se, Bog će vam pomoći."

Podigao se silan vjetar. Puhao je tako snažno da je odgurao vodu ustranu i napravio širok prolaz, točno ispred Izraelaca.

Prolaz je vodio do druge obale mora. Izraelci su požurili tim prolazom sa svojom djecom, stokom i svime što su posjedovali.

Sve su obitelji sigurno prešle na drugu stranu. Kraljeva vojska bila im je za petama. Već su stigli do prolaza kroz more.

Tada je nastupilo zatišje. Vjetar, koji je razmaknuo vodu i napravio prolaz, prestao je puhati. Voda se vratila na svoje mjesto.

Vojska je bila zarobljena. Nisu mogli pobjeći vodi. Bila je sve dublja i dublja. Brzo je prekrila glave i konjanika i njihovih konja. More je progutalo kraljevu vojsku.

Izraelci su plesali od radosti. Pjevali su pjesme i zahvaljivali Bogu što ih je izveo na sigurno i spasio od progonitelja.

Bog hrani svoj narod

Izraelci su se našli u velikoj pustinji. Hodali su danima. Jeli su hranu koju su bili ponijeli sa sobom iz Egipta.

Uskoro im je ponestalo hrane. Bog ih je tada čudesno hranio. Svakog jutra na mjestu gdje bi se probudili pronalazili su komadiće slatkog kruha. Taj kruh zvao se mana.

U podne je Bog slao ptice u njihove logore. Bile su to prepelice. Izraelci su ih hvatali i jeli.

Bog ih je također vodio na izvore vode u pustinji. Jednom su došli do mjesta na kojem nije bilo vode. Nisu imali čime utažiti žeđ.

Bog je rekao Mojsiju da krene prema velikom kamenu. Mojsije je u ruci držao štap. "Udari štapom po kamenu", rekao je Bog.

Mojsije je poslušao. Iz kamena je potekla voda. Sada su svi imali vode koliko su htjeli.

Deset zapovijedi

Izraelski je narod nastavio svoje putovanje. Put ih je doveo do planine na kojoj je Mojsije vidio gorući grm. Mojsije im je zapovjedio da tu postave šatore. Ulogorili su se u podnožju i na tom mjestu ostali skoro godinu dana.

Nad planinu se nadvio crni oblak. Iz oblaka su sijevale munje, a glasna grmljavina tresla je zemlju. Bog je bio na planini.

Pozvao je Mojsija da dođe gore. Mojsije se penjao i penjao, visoko do vrha. Više ga nitko iz logora nije mogao vidjeti. Ostao je na planini četrdeset dana.

Bog je Mojsiju dao zakone i pravila koja Božji narod mora poštovati. Uklesao je deset takvih zapovijedi na dvije ravne, kamene ploče. To je bilo Deset zapovijedi.

Mojsije je ponio Deset zapovijedi natrag u logor i pročitao ih narodu.

"Štuj Boga!", pisalo je u zapovijedima. "I poštuj svoje roditelje!"

Deset zapovijedi također kažu: "Ne ubij! Ne kradi! Ne laži!"

Tada je Mojsije rekao narodu: "Izgradit ćemo posebno mjesto u kojemu ćemo slaviti Boga. Bit će to velik, predivan šator koji će se zvati hram."

Sagradili su veliki hram u samom središtu logora. Za šator su napravili zavjese u lijepim bojama, a ukrasili su ga srebrom i zlatom.

Kad je hram bio gotov, pojavio se oblak. Stajao je u zraku točno iznad hrama. Oblak je bio znak Izraelcima da je Bog s njima.

Jednoga dana oblak se odmaknuo od šatora-hrama. Mojsije je rekao: "To znači da je vrijeme da krenemo dalje."

I tako su Izraelci složili svoje šatore i hram. Slijedili su oblak do novog mjesta za logor. Polako, dan za danom, putovali su kroz pustinju.

Dvanaestorica uhoda

Nakon mnogo mjeseci putovanja Izraelci su stigli do granica Kanaana. “Bog nam je obećao ovu zemlju”, rekao je Mojsije. “Pošaljimo izvidnike u Kanaan. Oni nam mogu reći kakva je ta zemlja.”

Odabrali su dvanaestoricu muškaraca. Pošli su u Kanaan i razgledali polja i gradove te zemlje. Zatim su se vratili k Mojsiju i Izraelcima.

Desetorica uhoda vratili su se i rekli: "Ne smijemo ulaziti u Kanaan. Ljudi su ondje brojniji i jači od nas. Gradovi su im utvrđeni, a oni su snažni ratnici. Ne možemo ih pobijediti."

Kad su Izraelci čuli te riječi, preplašili su se. Ali druga dvojica izvidnika su rekla: "Bog je s nama. Možemo ući u Kanaan i učiniti ga svojom domovinom, baš kao što je Bog obećao." Ta dvojica muškaraca zvala su se Jošua i Kaleb.

Ljudi nisu povjerovali Jošui i Kalebu. Zato je Bog rekao Mojsiju: "Ovi ljudi mi ne vjeruju. Neću im sada dati ovu zemlju. Vrati ih u pustinju."

Mojsije je bio tužan jer je htio doći do Kanaana. Poslušao je Boga. Odveo je narod natrag u pustinju gdje su živjeli još trideset i osam godina.

Zidine se ruše

Konačno je došlo vrijeme da Izraelci uđu u Kanaan. Mojsije je sad već bio jako, jako star. Rekao je narodu: “Danas Jošua postaje vaš vođa. On će vas odvesti u zemlju koju vam je Bog obećao.”

Jošua je poslao dvojicu uhoda u Kanaan. Došli su do grada Jerihona. Visok, debeo zid protezao se oko cijeloga grada. Uhode su hodali ulicama Jerihona, promatrajući sve uokolo.

Kralj je saznao za uhode i poslao vojnike da ih uhite. Žena, po imenu Rahaba, sakrila ih je na krovu svoje kuće. Kasnije im je pomogla da se po konopcu spuste preko zida i pobjegnu.

Uhode su se vratili u logor i rekli Jošui što su vidjeli i čuli. Tada je Jošua poveo Izraelce preko rijeke Jordan. Krenuli su prema gradu Jerihonu.

Kad su Izraelci vidjeli visoke zidine, zapitali su: "Kako uopće možemo osvojiti ovaj grad?"

"Bog će nam pomoći", odgovorio je Jošua. Zatim je rekao ljudima što Bog želi da čine.

Izraelci su napravili dugu kolonu. Počeli su obilaziti oko Jerihona. Zatim su se vratili u svoj logor.

Isto su učinili sutradan, i dan poslije, i dan poslije. Šest su dana koračali oko grada.

Sedmoga su dana ponovo hodali. Ovog su puta obišli grad sedam puta.

Nakon toga oglasile su se trube, a ljudi su glasno povikali. Odjednom su se srušile sve zidine. Izraelci su nasrnuli i osvojili grad.

Dvojica su uhoda otrčali do Rahabine kuće. Pronašli su i nju i njezinu obitelj i zaštitili ih. Odveli su Rahabu do Jošue. On joj je rekao da zauvijek može živjeti s izraelskim narodom.

Izrael dobiva novi dom

U kanaanskoj zemlji bilo je mnogo zlih kraljeva. Oni su pokušali zaustaviti Jošuu i Izraelce.

Jošua je bio hrabar vođa, a Bog je pomogao Izraelcima da dobiju važne bitke. Izraelci su pobjeđivali kanaanske kraljeve jednoga po jednoga.

Nakon posljednje bitke Jošua je okupio narod. Svakoj obitelji dao je dio zemlje. Izraelci su sada imali vlastitu zemlju koju su nazvali Izrael.

Zatim ih je Jošua upitao: “Hoćete li obećati da ćete štovati Boga i biti mu poslušni?” Narod je odgovorio: “Hoćemo.”

Tada ih je Jošua poslao kućama da žive u miru. Bog ih je štitio od neprijatelja. Bili su sretni u svojoj novoj domovini.

Mokra vuna

Kao i Mojsije, Jošua je doživio duboku starost. Nakon njegove smrti Izraelci su prestali slušati Boga. Zaboravili su što je Bog za njih učinio. Napravili su idole i štovali druge bogove.

"Moj narod nije poslušan", rekao je Bog. Prestao ih je štititi. Snažne vojske ušle su u Izrael iz drugih zemalja. Otimali su od Izraelaca stoku i hranu.

Izraelci su shvatili: “Pogriješili smo. Nismo bili poslušni Bogu.” Molili su Boga da im oprosti i ponovo im pomogne.

Tada je Bog izabrao ratnike koji će voditi njegov narod. Jedan od njih bio je Gideon.

Isprva je i Gideon bio uplašen. Rekao je Bogu: “Pokaži mi da uistinu želiš da budem vođa”.

Gideon je na zemlju stavio ovčje runo. Rekao je Bogu: “Večeras, dok budem spavao, ako učiniš da ova vuna bude mokra od rose a zemlja ostane suha, znat ću da želiš da ja budem vođa.”

Idućeg jutra vuna je bila teška od rose, a zemlja oko nje bila je suha. Ali Gideon je i dalje bio uplašen.

Iduće noći ponovo je stavio vunu na zemlju. Ovog puta je rekao: “Ujutro neka vuna bude suha, ali zemlju oko nje prekrij rosom.”

Kad se probudio, svugdje po zemlji bila je rosa, a vuna je bila suha. Sad je Gideon bio siguran da ga Bog želi za vođu naroda.

Gideon odlazi u bitku

Tisuće muškaraca pridružilo se Gideonovoj vojsci. Bog je rekao Gideonu: "Imaš previše ljudi. Potrebno ti je samo nekoliko muškaraca da pobijediš svog neprijatelja."

Bog je rekao Gideonu da većinu muškaraca pošalje kući. Samo njih tristo ostalo je s njim. Sakrili su se u planine.

U dolini ispod njih bila je velika vojska. Bili su to Midjanci. Oni su stalno krali Izraelcima žito i stoku.

Usred noći Gideonovi ljudi prišli su logoru Midjanaca. Svaki je Izraelac imao tri stvari: baklju, glinenu posudu i trubu.

Upalili su baklje, ali su ih pokrili glinenim posudama da sakriju svjetlo.

Gideon je rasporedio ljude oko neprijateljskog logora. Na Gideonov znak svaki je razbio svoju posudu. Midjanci su se probudili kad su čuli veliku buku.

Zatim su Gideonovi ljudi podigli baklje i počeli vikati. Midjanci su mislili da je oko njih velika vojska. Počeli su bježati da spase život.

Onda su Gideonovi ljudi zatrubili. Zvuk truba dolazio je sa svih strana. Midjanci su još brže bježali.

U tami su se sudarali jedni s drugima. Nisu vidjeli tko ih to udara. Vadili su mačeve i borili se u mraku jedni protiv drugih.

Prije nego što je svanulo midjanska je vojska bila uništena.

Najjači Izraelac

Bog je odabrao još jednog vođu po imenu Samson. Kad se Samson rodio, Bog je njegovim roditeljima dao čudnu zapovijed. Rekao im je: "Nikad nemojte rezati kosu ovom dječaku!"

Samsonov otac i majka učinili su kako im je Bog rekao. Kad je odrastao, imao je dugu kosu i veliku bujnu bradu.

Bog je rekao Samsonu: "Ako ne odrežeš kosu, učinit ću te snažnijim od bilo kojeg čovjeka." I tako se Samson nikad nije brijao niti šišao. Samson je živio blizu grada Gaze. Stanovnici Gaze zvali su se Filistejci. Htjeli su vladati Izraelom.

Jedne noći, dok je Samson bio u Gazi, Filistejci su ga htjeli namamiti u klopku. Grad je imao visoke zidine s golemim, teškim vratima. Filistejci su zaključali vrata kako bi Samsona zadržali u gradu.

Međutim, Samson je iščupao vrata iz zida, stavio ih na leđa i odnio ih na visoki brijeg.

Sada su svi vidjeli koliko je snažan. Filistejci su se pitali: "Kako je moguće da je ovaj čovjek toliko snažan?"

Otišli su k ženi po imenu Dalila. Ona je živjela u Gazi, a Samsonu se sviđala. Ljudi su Dalili obećali platiti znatan iznos novca ako sazna izvor te snage.

Dalila je preklinjala Samsona da joj kaže svoju tajnu. Molila ga je danima i danima. Jedne noći rekao joj je što ga čini tako snažnim.

Dok je spavao, Dalila je pomogla nekom Filistejcu da odreže Samsonovu kosu. Tako je Samson izgubio snagu.

Filistejci su sad mogli zarobiti Samsona, staviti ga u lance i baciti u tamnicu.

Čovjek koji je rukama srušio zgradu

Filistejci su se bojali da će Samson pobjeći, zato su ga oslijepili. Samson je bio slab i slijep.

U zatvoru su Samsona prisiljavali na težak rad. Morao je okretati veliki teški mlinski kamen.

Jednoga su dana kralj i njegovi prijatelji pripremili zabavu. Odlučili su se izrugivati Samsonu. Doveli su ga iz zatvora.

Zabava se održavala u velikoj zgradi s krovom na visokim i čvrstim stupovima.

Svi su se rugali i smijali Samsonu. Ali on je uspio napipati dva stupa. Stao je između njih, upirući ih rukama.

Pomolio se Bogu: “Molim te, daj mi snagu, još samo jednom.”

Nakon toga je upro o stupove svom snagom. Bog mu je vratio snagu i stupovi su se srušili. Krov se srušio na sve u zgradi. Nitko nije uspio pobjeći.

Dječak koji je razgovarao s Bogom

Sljedeći veliki izraelski vođa bio je Samuel. Dolazio je iz obitelji koja je voljela Boga.

Prije nego što je Samuel rođen njegova majka nije imala djece, a željela je, više od svega, imati dijete.

Došla je u hram na molitvu. Zamolila je Boga da joj podari sina.

Tada je Bogu dala obećanje. "Ako rodim sina", rekla je, "on će biti tvoj veliki sluga cijeloga života".

Nakon Samuelova rođenja održala je obećanje. Dok je Samuel bio još mali dječak, odvela ga je u hram.

Svećenik u hramu bio je Eli. Rekla mu je: "Želim da Samuel uči i služi uz tebe i da odraste u hramu."

Ostavila je Samuela u hramu, a on je odrastao u Elijevoj obitelji.

Jedne noći, dok je spavao, Samuel je začuo glas. Glas je izgovarao njegovo ime.

Otrčao je do Elija. "Jesi li me zvao?" upitao je Samuel.

"Ne", odgovorio je Eli. I Samuel se vratio u krevet.

Ponovo je čuo glas: "Samuele! Samuele!" Opet je Samuel otrčao do Elija, ali mu je ovaj rekao: "Nisam te zvao. Vrati se u krevet."

Tada je Samuel treći put začuo glas. Otišao je do Elija.

Eli mu je rekao: “Sigurno ti Bog govori. Sljedeći put kad čuješ glas, reci: ’Govori, Gospodine! Sluga tvoj spremno sluša.’”

Samuel je poslušao Elija. Kad je ponovo čuo glas, Samuel je rekao: “Govori, Gospodine! Sluga tvoj spremno sluša.”

Od te noći nadalje Bog je često govorio Samuelu. Ljudi su uskoro saznali da Samuel razgovara s Bogom, pa su od njega tražili savjete. Postao je slavan dok je još bio dječak. Kad je odrastao, narod je jedva čekao da postane njihov vođa.

Dječak koji je ubio diva

Samuel je vodio Izrael mnoge godine. Naučio je narod da sluša Boga.

No, kad je Samuel ostario, Izraelci su rekli: "Želimo drugog vođu. Trebamo kralja koji će se boriti protiv naših neprijatelja."

I tako im je Bog dao kralja po imenu Šaul. Šaul je bio vrlo visok i snažan ratnik. Ljudi su očekivali da će im on biti veliki vođa.

Šaul je izveo vojsku u borbu protiv Filistejaca. Jedan od njih bio je div po imenu Golijat.

Golijat je ismijavao Izraelce. Svakoga dana dolazio bi blizu Šaulove vojske i izazivao bilo koga da izađe i bori se protiv njega. Svi su se u Šaulovoj vojsci bojali diva. Nitko se nije htio boriti s njim.

Jednoga je dana mladi pastir došao u logor posjetiti svoju braću. Braća su mu bila vojnici u Šaulovoj vojsci. Dječak se zvao David.

"Ne bojim se tog diva", rekao je David Šaulu. "Uz Božju pomoć ubijao sam lavove i medvjede koji su htjeli zaklati moje ovce. Bog će mi pomoći u borbi protiv Golijata."

Šaul je vidio da je David hrabar. Dopustio mu je da se bori protiv Golijata. Dao mu je svoj mač, a na njega stavio svoj oklop i kacigu.

“Ovo je preteško”, rekao je David. “Ne mogu se boriti u ovoj teškoj i nezgrapnoj odjeći”.

I tako je David skinuo kacigu i oklop, odložio je mač. Jedino što je uzeo sa sobom bila je praćka.

Dok je prilazio divu, prešao je preko potoka i iz njega uzeo pet glatkih kamenova.

Jednog je stavio u praćku, potrčao prema Golijatu i snažno zavrtio praćku. Zatim je pustio kamen.

Kamen je udario Golijata točno između očiju. Div se srušio na zemlju. David je zgrabio Golijatov mač i njime mu odrubio glavu.

Filistejci su se razbježali. Nisu vjerovali da netko može pobijediti Golijata. David je tad postao najveći junak među Izraelcima.

Bog odabire novog kralja

Kako je Šaul stario, prestao je slušati Boga te je postao vrlo ohol. Prestao je biti veliki vođa.

Bog je rekao Samuelu: “Pronađi novog kralja za Izrael.”

Bog je poslao Samuela u dom čovjeka koji se zvao Jišaj. Jišaj je bio Davidov otac.

"Jedan od tvojih sinova bit će sljedeći kralj Izraela", rekao je Samuel Jišaju. "Dovedi mi svoje sinove."

Jišaj je doveo trojicu najstarijih sinova, odrasle muškarce. Samuel je pogledao najstarijeg. Bio je visok i snažan.

"Ovo mora da je čovjek kojeg Bog želi za kralja", pomislio je Samuel.

No, Bog mu je odgovorio: "Ovo nije taj čovjek. Ti vidiš samo njegovu vanjštinu. Pogledaj u njegovo srce. Želim kralja ispravna srca."

Samuel je pogledao jednog po jednog Jišajeva sina. Nijedan nije bio po Božjem izboru.

Samuel je upitao Jišaja: "Imaš li još sinova?"

Jišaj odgovori: "Imam jednog, Davida, ali on je još dječak. On je pastir i čuva ovce u polju."

"Dovedi ga", reče Samuel.

David je došao do Samuela. "To je on", reče Bog.

Samuel izlije ulje na Davidovu glavu. To je značilo da ga je Bog odabrao da bude sljedeći kralj.

Šaul i David

Šaul nije bio sretan što je Samuel odabrao Davida. Htio je da njegov sin Jonatan bude kralj.

Jonatan je volio Davida i oni su postali dobri prijatelji. Vjerovao je da će David biti veliki kralj.

“Želim ti dati dar”, rekao je Jonatan Davidu. Skinuo je pojas i mač te ih dao Davidu. Dao mu je i svoj luk i strijele.

Šaul je bio zabrinut. “Moram paziti na tog Davida”, mislio je. Zato je pozvao Davida da živi s njim na dvoru kako bi ga uvijek imao na oku.

David je bio dobar glazbenik. Skladao je mnoge pjesme i svirao ih na svojoj harfi. Kad bi Šaul bio tužan, molio bi Davida da mu svira. Glazba mu je popravljala raspoloženje.

Kad je David odrastao, postao je vojskovođa. Pobijedio je u mnogim bitkama. Uskoro su ljudi govorili: "David je veći ratnik od Šaula."

Šaul je postajao sve zavidniji. Potajno je počeo tražiti načine kako da ubije Davida. Kad je jednom David svirao harfu, Šaul je bacio koplje prema njemu, ali je promašio.

David je pobjegao i sakrio se. Jonatan ga je pošao tražiti i pronašao ga je u skrovištu.

"Moram otići", rekao je David.

Jonatan mu je odgovorio: "Idi u miru."

Zagrlili su se i obojica su zaplakali. Nisu očekivali da će se ikad više vidjeti. Ali obojica su bili složni u tome da će zauvijek ostati prijatelji.

David se skriva od Šaula

David je pobjegao u planine. Šaul je s vojnicima krenuo za njim.

Kad su Šaulovi ljudi došli blizu mjesta na kojem se skrivao David, proveli su noć u podnožju brda. Dok su spavali, David se s prijateljima ušuljao u njihov logor.

Šaul je spavao na zemlji, s kopljem pokraj sebe. Davidovi prijatelji su rekli: “Pogledaj! Evo ti prilike da ubiješ Šaula.”

“Ne!”, odgovorio je David. “Moram poštovati Šaula. Bog ga je postavio za kralja.”

David se oprezno kretao. Uzeo je Šaulovo koplje i mijeh za vodu. Pobjegao je prije nego što se itko probudio.

Idućeg dana David je stajao na brežuljku i zazvao Šaula. Podigao je njegovo koplje i mijeh za vodu.

“Vidiš, sinoć sam te mogao ubiti”, povikao je David. “Nisam to učinio. Mene se ne moraš bojati. Zašto me želiš ubiti?”

“U pravu si”, odgovorio je Šaul. “Bio si dobar prema meni”. Pokunjeno se vratio kući.

Međutim, u svom srcu Šaul je i dalje mrzio Davida. Uskoro je ponovo krenuo za njim. David više nije bio siguran nigdje u Izraelu. Zato se sakrio u drugu zemlju.

David postaje kralj

Dok se David skrivao od Šaula, Filistejci su se vratili u Izrael. Šaul i njegova vojska izišli su u bitku.

Jonatan se borio uz bok Šaulu, ali Filistejci su bili jači i pobijedili su. Šaul i Jonatan poginuli su u toj borbi.

David je bio tužan jer je izgubio svog dobrog prijatelja Jonatana. "Bit ću milostiv prema njegovoj obitelji i brinuti se za njih", odlučio je.

David se vratio u Izrael, i ondje su ga brzo proglasili kraljem. Podigao je veliko kraljevstvo i pokorio Izraelove neprijatelje.

Zauzeo je Jeruzalem, gdje je sagradio svoju palaču i mnogo drugih raskošnih zgrada.

David je bio dobar kralj. Uvijek je slušao Boga. Pisao je pjesme o Božjoj milosti i snazi, o svojoj vjeri i Božjoj vjernosti.

David je odlučio: “Trebali bismo sagraditi veliki hram gdje ćemo slaviti Boga. Počnimo odmah.”

Ali Bog ga je zaustavio. “Jednoga dana tvoj sin Salomon postat će kralj. On će sagraditi hram.”

David je vjerovao da će Salomon učiniti kako je Bog rekao. “Hram mora biti najljepša zgrada na svijetu. Ja ću prikupiti sve što je potrebno za gradnju. Tako ćeš ti moći početi graditi hram čim postaneš kralj.”

David je odabrao mjesto za hram. Poslao je ljude da isklešu kamen za zidine. Drugi su prikupljali željezo, broncu i drvo. David je prikupljao zlato i srebro. Pisao je pjesme koje će se pjevati u hramu, Bogu na slavu.

Kao starac, David je svaki dan sanjao o hramu. Volio je Boga do kraja svog života.

Bogati i mudri kralj

Baš kao što je Bog rekao, Salomon je postao kralj. Njegovo je kraljevstvo bilo veliko i snažno.

U snu je Bog pitao Salomona: "Što želiš da učinim za tebe?"

Salomon je odgovorio: "Želim ispravno voditi tvoj narod. Učini me mudrim vođom."

Bog je odgovorio: "Imaš dobro srce, Salomone. Nisi me tražio ni novac ni slavu, niti dugi život. Tražio si me samo ono što je najbolje za moj narod."

Bog je obećao: "Učinit ću te mudrim, kao što si tražio. Učinit ću i više. Učinit ću te bogatim. Dat ću ti predivne kuće i ogromne palače. Postat ćeš slavan po svojoj mudrosti i bogatstvu."

Uskoro se pročulo po drugim zemljama o Salomonovoj mudrosti. Dolazili su k njemu izdaleka kako bi ga upoznali i poslušali njegove mudre savjete.

Salomon se silno obogatio. Stekao je više bogatstva od bilo kojeg kralja prije njega.

Upotrijebio je svoje bogatstvo u gradnji hrama. Obložio ga je zlatom, srebrom i dragim kamenjem. Čak je i namještaj bio od zlata.

Kad je hram bio gotov, Izrael je slavio. Održali su proslavu koja je trajala sedam dana. Nakon toga Salomon je vodio posebnu svečanost posvećenja hrama.

"Ovaj će hram biti mjesto molitve", rekao je. "Želim da ljudi iz svakog naroda dođu ovamo moliti."

Hram je bio Salomonovo najveće djelo. Izgradio je i druge predivne zgrade blizu

hrama. Pronašao je vrijeme kako bi napisao knjigu mudrih izreka.

S vremenom se njegova ljubav prema Bogu počela gasiti. Kako je stario, tako su ga počeli zanimati drugi bogovi. Čak je počeo graditi mjesta na kojima su se ti bogovi slavili. Odvraćao je izraelski narod od Boga koji ga je učinio velikim.

Raskol kraljevstva

Sljedeći izraelski kralj nije bio mudar kao Salomon. Novi je kralj donosio nerazumne zakone. Mnogi su govorili: “Ne želimo da ovaj čovjek bude naš vladar.”

Našli su drugog vladara. Tako je Izrael rascijepljen, s dva kralja u dva kraljevstva.

Jedno kraljevstvo bilo je na sjeveru. Zvalo se Izrael. Drugo je bilo na jugu i zvalo se Juda.

Ta dva kralja ratovala su jedan protiv drugoga. Postali su neprijatelji.

Kraljevstvo Izraela bilo je veće od kraljevstva Jude. Jeruzalem i hram nalazili su se u Judi.

Kralj Izraela je zapovjedio: "Ne odlazite u Judu kako biste slavili Boga u hramu. Ostanite u Izraelu. Ovdje ću vam izgraditi mjesto za slavljenje."

Tada je kralj napravio zlatni kip teleta. "Ovo je vaš bog", rekao je. "Klanjajte mu se!"

Narod je poslušao kralja. Izrađivali su i druge kipove kojima su se klanjali. Uskoro je kraljevstvo Izraela zaboravilo Boga.

Ilija i zli kralj

Većina je izraelskih kraljeva bila zla. Jedan od najgorih bio je Ahab. Imao je ženu tuđinku, koja se klanjala bogu Baalu.

"Ne želim da se narod više klanja Bogu", rekao je Ahab. "Svi se moraju pokloniti Baalu."

"Ubit ću svakoga tko se usudi pokloniti Bogu."

Gotovo svi su se priklonili kralju i prestali se klanjati Bogu.

Ali ostalo je sedam tisuća ljudi vjernih Bogu. Jedan od njih bio je prorok po imenu Ilija. Bog mu je omogućio da dođe kralju.

Ilija je rekao Ahabu: “Zbog tvoje zloće i nevjere u tvom kraljevstvu neće biti kiše. Zemlja će biti suha i neplodna.”

Ahab nije povjerovao Iliji, ali on je govorio istinu.

Kiša nije pala ostatak godine. Ni godinu poslije toga. Ni godinu kasnije. Potoci su presušili. U bunarima nije bilo vode. Usjevi nisu rasli.

Kralj je bio bijesan. Htio je ubiti Iliju, ali ga nije mogao naći. Ilija je bio daleko, na osami pokraj izvora u kojemu je još uvijek bilo vode.

Svakog su mu dana ptice donosile hranu. Donosile su mu kruh i meso. Tako je Bog održavao Iliju na životu.

Žena koja je podijelila svoju hranu

Ilija je živio u miru uz svoj tihi izvor vode. No, jednoga dana i taj je izvor presušio. Više nije mogao ostati na tom mjestu.

Ahab je i dalje tražio Iliju. Zato ga je Bog poslao u jedan gradić u drugoj zemlji. Kad je Ilija tamo stigao, bio je gladan i žedan.

Blizu gradskih vrata vidio je ženu koja je sakupljala granje. Živjela je sama sa sinom i bila je vrlo siromašna.

Ilija ju je zamolio komadić kruha i vode.

“Nemam kruha”, rekla je. “Imam samo šaku brašna u posudi i malo ulja u boci. Dovoljno samo da ispečem posljednju pogaču za svog sina i sebe. Nakon toga ne znam što ćemo jesti.”

“Ne plaši se”, rekao je Ilija. “Prvo meni ispeci pogaču, a nakon toga svome sinu i sebi. Bog će se pobrinuti za tebe. Nećeš ostati bez hrane.”

Povjerovala je Iliji i ispekla mu pogaču. Tada je ispekla pogaču za sina. U posudi je još uvijek bilo brašna, a u boci ulja.

Svakoga je dana u posudi bilo dovoljno brašna, a boca s uljem nikad se nije ispraznila. Iako je bila velika suša, ona je uvijek imala dovoljno hrane.

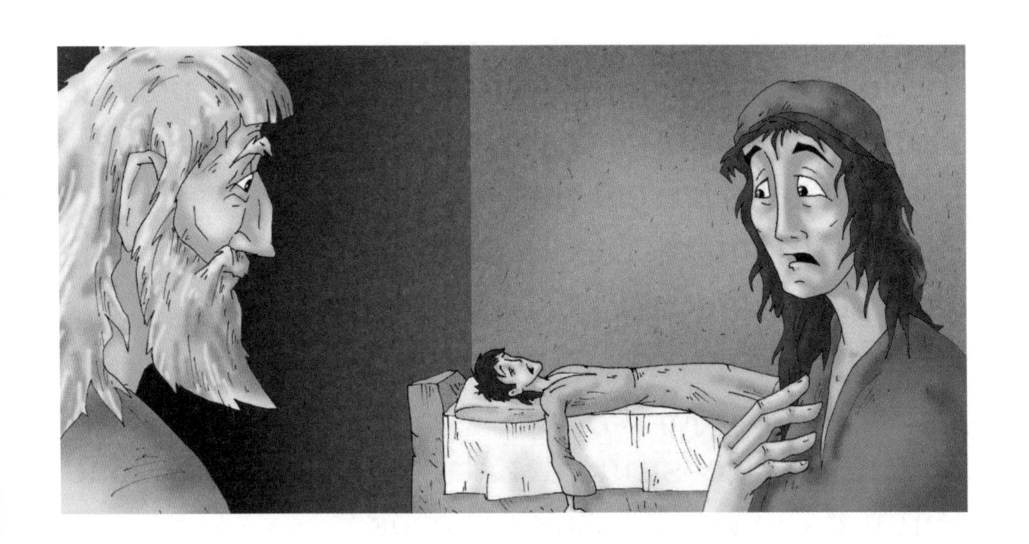

Ilija i dječak

Iliji se svidjela žena koja je podijelila s njim svoju hranu. Također mu je bio drag njezin sin. Ilija je ostao u njihovu domu mnoge mjesece.

Jednog je dana dječak prestao disati. Uskoro je umro.

Ilija je zgrabio dječaka, otišao u svoju sobu s dječakom u naručju i položio ga na krevet.

Ilija se ispružio iznad dječaka i molio Boga. "Molim te, vrati ovom dječaku život", vapio je Ilija.

No, dječak i dalje nije disao. Ilija je ponovo molio. Dječakovo tijelo ostalo je nepomično. Ilija je molio i treći put.

Odjednom, dječak je počeo disati. Otvorio je oči i počeo gledati uokolo.

Ilija je odnio dječaka majci. “Vidiš, tvoj sin je živ”, rekao joj je.

Zagrlila je sina, a zatim rekla Iliji: “Sad znam da si zaista Božji prorok.”

Vatra s neba

Nakon tri godine Ilija se ponovo vratio kralju Ahabu. “Zašto još uvijek štuješ Baala i odvraćaš narod od Boga?”, upitao je. “Zapovjedi natjecanje između Boga i Baala. Vidjet ćeš tko je pravi Bog i komu se treba klanjati.”

Ahab je pristao. Prikupio je vođe Izraela na visokoj planini blizu mora. Doveo je stotine Baalovih svećenika. Na drugoj su strani bili samo Ilija i njegov sluga koji su vjerovali Bogu.

Svećenici koji su došli s Ahabom sagradili su žrtvenik. Na žrtvenik su stavili drva.

“Ne palite drva”, rekao je Ilija. “Molite se Baalu. Ako je stvaran, on će zapaliti vatru.”

Svećenici su molili Baala za vatru, ali ništa se nije dogodilo.

Ilija se rugao svećenicima. “Možda niste dovoljno glasni”, dovikivao je. “Možda je Baal nekamo otišao? Možda je zauzet ili spava?”

I tako su svećenici vikali sve glasnije i glasnije. Zazivali su Baala cijelo jutro. No, i dalje nije bilo vatre.

Oko podneva su odustali. Tada je Ilija prikupio dvanaest velikih kamenova. Sagradio je jednostavan žrtvenik. Na njega je stavio drva. Zatim je ljudima dao velike vrčeve i rekao im da ih napune vodom.

Izlijevali su vodu na Ilijin žrtvenik. “Donesite mi još vode”, rekao je. Izlijevali su još vode na žrtvenik. Drva su bila potpuno mokra. Vode je bilo posvuda u lokvama oko žrtvenika.

Dok su svi gledali, Ilija se pomolio Bogu. "Pokaži svima ovdje da si samo ti Bog Izraela!"

Odjednom se s neba spustio velik plamen. Udario je o žrtvenik i zapalio mokra drva. Vatra je plamtjela sve jače. Čak je i kamenje počelo gorjeti.

Ljudi nisu mogli vjerovati svojim očima. Klicali su: "Ovo je pravi Bog Izraela."

Ilija je rekao Ahabu: "Požuri kući! Dolazi velika kišna oluja."

Uskoro su zemlju prekrili gusti, crni oblaci. Munje su sijevale. Prvi put u tri godine pala je kiša.

Ahab je brzo jahao kroz nevrijeme. Kad je stigao do palače, rekao je ženi što se dogodilo. No, Ahabovo srce nije se promijenilo. Nastavio je štovati Baala.

Ilijin posebni prijatelj

Ilija je ostario. Ostalo mu je još samo nekoliko godina života. Tko će biti Božji prorok nakon što Ilija umre?

Bog je uputio Iliju do čovjeka po imenu Elizej. Dvojica su muškaraca postali bliski prijatelji. Zajedno su putovali i služili.

Jednoga su dana stigli do rijeke Jordan. Ilija je skinuo ogrtač i njime udario vodu.

Odjednom se voda u rijeci povukla, a Ilija i Elizej prešli su rijeku po suhome.

S druge strane, Ilija je rekao: “Uskoro ću te napustiti. Prije nego što odem, želim ti nešto dati. Što bi htio?”

Elizej je rekao: “Htio bih biti hrabar kao ti. I želim imati takvu moć kakvu ti imaš.”

“Samo Bog ti može dati takvu snagu”, odgovorio je Ilija. “Uskoro odlazim. Ako ti Bog dopusti da me vidiš kako odlazim, onda ti je odlučio dati ono što želiš.”

Nastavili su hodati i razgovarati. Odjednom je plamena kugla u obliku kočije sletjela među njih. Zatim je veliki vjetar podigao Iliju uvis. Dizao ga je sve više. Elizej ga više nije mogao vidjeti.

Elizej je pogledao uokolo. Kraj njega je bio Ilijin ogrtač. Pao je na zemlju. Elizej je podigao ogrtač i vratio se do rijeke.

Kad je stigao do rijeke, uzeo je u ruku Ilijin ogrtač. Njime je udario po vodi, baš kao i Ilija. Još jednom voda se povukla i on je po suhom tlu prešao rijeku. Tada je znao da mu je Bog ispunio želju.

Žena iz Šunama

Bog je dao Elizeju snagu da čini velika čuda. On je koristio tu moć kako bi pomogao mnogima i činio dobra djela.

Jednom je prolazio pored kuće bogate žene. Ona ga je pozvala: “Hoćeš li ući i jesti s nama?”

Elizej je uživao u obroku. Svidjela mu se žena i njezin muž i oni su se sprijateljili. Kad god je prolazio kroz njihov grad, uvijek bi jeo kod njih.

Žena je rekla svome mužu: “Elizej bi u našoj kući trebao imati svoju sobu.”

I tako su sagradili sobu na vrhu kuće. U sobu su stavili krevet, svjetiljku, stol i stolicu.

Tada je žena rekla Elizeju: “Kad god trebaš prenoćište, ova je soba spremna za tebe.”

Elizeju se soba jako svidjela. Zahvalio se ženi i rekao: "Bila si vrlo ljubazna prema meni. Dopusti da ja nešto lijepo učinim za tebe."

Žena je odgovorila: "Ne želim ništa. Imam sve što mi treba."

Kasnije je Elizej upitao svog slugu: "Postoji li nešto posebno što mogu učiniti za ovu ženu?"

Sluga je odgovorio: "Ona bi htjela imati sina. Nikad nije rodila. A sada je njezin suprug već star. Jednoga dana ostat će sama."

Elizej je pozvao ženu u svoju sobu. "Za godinu dana", rekao je, "Bog će ti podariti sina".

Nije mogla vjerovati tako predivnu obećanju. "Nemoj se šaliti sa mnom", rekla je.

Ali Elizej joj je ponovio da će se obećanje ostvariti.

Iduće je godine rodila sina, baš kao što je Elizej obećao. Bila je velika radost u njezinu domu.

Elizej oživljava dječaka

Elizej je dolazio u Šunam mnogo godina. Uvijek je posjećivao ženu koja mu je dala sobu i promatrao je kako njezin sin raste i napreduje.

Jednoga je dana dječak radio uz svoga oca. Odjednom je uzviknuo: "Boli me glava!" Pao je i više se nije mogao micati.

Sluga je odnio dječaka majci. Ona ga je cijelo jutro držala u krilu, ali je on uskoro prestao disati i umro je na njezinim rukama.

Majka ga je odnijela u Elizejevu sobu i položila na krevet. Zatim je otišla potražiti Elizeja. Trčala je najbrže što je mogla.

Kad je pronašla Elizeja, rekla mu je za svoga sina. Elizej je požurio prema kući.

Sjetio se kako je njegov prijatelj Ilija bio vratio onog drugog dječaka u život. Može li on učiniti isto?

Elizej je ušao u svoju sobu i ispružio se preko dječakova tijela.

Zazivao je Boga i vapio da dječaku vrati život. Elizej se tako molio tri puta.

Tada je dječak počeo kihati. Kihnuo je sedam puta. Ponovo je počeo disati.

Elizej je dozvao ženu: "Dođi po svoga sina", rekao je. "Dječak je živ."

Vojnik s gubom

Uskoro se pročulo o Elizejevim velikim moćima. Ljudi su dolazili k njemu da ih izliječi.

Došao mu je i jedan čovjek iz druge zemlje. Zvao se Naaman. Živio je u Siriji. Bio je kraljevski vojskovođa, ali vrlo bolestan. Imao je bolest koja se zove guba.

Elizej je rekao Naamanu da ode do rijeke Jordan. “Uđi u rijeku”, rekao mu je prorok. “Zaroni cijeli pod vodu. Učini to sedam puta. Nakon toga ćeš biti zdrav.”

Naamanu se to nije svidjelo. Zvučalo mu je kao šala, pa je krenuo natrag u Siriju.

No, njegovi su ga sluge pitali: “Zašto ne učiniš kako je Elizej rekao? Možda ozdraviš?”

Naaman je odlučio poslušati sluge i sišao je do rijeke Jordan. Ušao je u rijeku i uronio cijelo tijelo ispod vode sedam puta. Guba je nestala. Bio je zdrav!

Otrčao je natrag u Elizejevu kuću i htio Elizeju dati srebra i zlata, ali ovaj nije htio primiti nagradu.

Elizej je znao da je Bog izliječio Naamana i nije htio uzeti plaću za nešto što je učinio Bog, a ne on.

Naaman je rekao: “Slavit ću Boga ostatak svoga života.” U blizini Elizejeve kuće iskopao je nekoliko vreća zemlje i ponio ih sa sobom.

Kad se vratio u Siriju, razasuo je zemlju po tlu i na toj zemlji sagradio žrtvenik. To je postalo mjesto gdje je slavio Boga.

Elizej izbjegava uhićenje

Sirijski je kralj poslao vojnike u Izrael da zarobe izraelskog kralja. Vojnici su napravili zasjedu kraj ceste, kuda je trebao proći kralj Izraela.

Elizej je upozorio kralja. Rekao mu je: “Sirijska je vojska u zasjedi uz cestu.” I kralj je pošao drugim putem.

Sirijci nisu odustajali. Napravili su zasjedu na drugom mjestu, ali ni tada nisu uspjeli jer je Elizej upozorio kralja.

Sirijski je kralj bio bijesan. Saznao je da Elizej pomaže svom kralju i poslao je vojnike u Dotan da uhite Elizeja.

Elizejev je sluga bio prestrašen kad je vidio vojnike. "Što ćemo učiniti?", upitao je.

"Ne plaši se", rekao mu je Elizej. "Na našoj su strani moćni ratnici." Tada je sluga ugledao anđele u kočijama na svim planinama.

Elizej se pomolio Bogu. "Oslijepi Sirijce!", rekao je.

Bog je učinio kako je Elizej molio. Odjednom sirijski vojnici više ništa nisu vidjeli.

Elizej je došao do njih. "Na krivom ste mjestu", rekao je. "Ja ću vas odvesti do čovjeka kojeg tražite."

Vojnici su stali u dugu kolonu iza Elizeja, koji ih je vodio – korak po korak – do kraljeve palače. Tada je Elizej zamolio Boga da im otvori oči.

Kad su Sirijci pogledali oko sebe, vidjeli su da su u klopci. Svugdje oko njih bili su izraelski vojnici s oružjem u rukama.

Elizej je rekao kralju: "Dobro nahrani ove ljude. Zatim ih pošalji kući."

I tako je kralj pripremio gozbu, a vojnici iz Sirije uživali su u jelima. Kad su se nasitili, vratili su se u Siriju.

Ispričali su sirijskom kralju o svemu što se dogodilo. Kralj je odlučio prestati napadati Izrael.

Čovjek kojeg je progutala riba

U to je vrijeme Niniva bila jedan od najmoćnijih gradova. Ninivom je vladao okrutni kralj, koji je mrzio Izraelce.

U Izraelu je živio prorok po imenu Jona. “Idi u Ninivu”, rekao mu je Bog. “Reci kralju i njegovu narodu da ću uništiti njihov grad jer su zli i jer su zaboravili što je dobro."

Jona nije htio ići u taj grad. Ukrcao se na lađu koja je plovila na suprotnu stranu od Ninive. Lađa je podigla jedra i zaplovila preko mora.

Brod je glatko klizio kroz vodu. Jona je pronašao tiho mjesto i zaspao.

Dok je spavao, Bog je podigao oluju. Valovi su postajali sve veći i veći. Udarali su o brod i bacali ga gore-dolje. Malo je nedostajalo da se brod raspadne i potone.

Jona se probudio i, kad je ugledao oluju, pomislio je: "Bog me ovom olujom sprečava da ne pobjegnem."

Rekao je prestrašenim mornarima: "Ova je oluja zbog mog neposluha Bogu. Bacite me u more i oluja će prestati."

Tako su i učinili. Vjetar je prestao, valovi su se utišali, a ljudi na brodu ponovo su bili sigurni.

Jona se utapao. Tonuo je sve dublje u vodu. U tom se trenutku pojavila velika riba. Bila je tako velika da je Jonu cijelog progutala.

Dok je bio u ribi, Jona se stalno molio. Molio je tri dana i tri noći. Sve to vrijeme riba je plivala prema obali. Trećeg dana ga je ispljunula na obalu.

Božja milost prema zlom gradu

Kad se Jona očistio i pribrao, Bog mu je ponovo rekao: "Idi u Ninivu!"

Ovog je puta poslušao. Otišao je u Ninivu i upozorio narod da će Bog uništiti njihov grad.

Ljudi su ga ozbiljno shvatili. Čak je i kralj poslušao. Uvidjeli su da su živjeli zlim životom. Obećali su da će biti bolji i zamolili su Boga da im oprosti.

Bog je bio zadovoljan što ljudi u Ninivi žele biti dobri. Oprostio im je i rekao: "Sad neću nauditi vašem gradu."

Ovakva odluka nije bila Joni po volji. Nije volio Ninivu niti Ninivljane. Htio je da ih Bog kazni.

Bog je prekorio Jonu. "Uznemiren si što sam pokazao milost Ninivljanima?", upitao je Bog. "Ovaj je grad pun male djece i životinja. Zar bi ti uživao da oni nastradaju? Razmisli!"

Jona je učio o Božjoj milosti i o tome da Bog radije oprašta nego kažnjava.

Kralj dječak obnavlja hram

Izraelski su kraljevi živjeli u Samariji. Kraljevi Jude živjeli su u Jeruzalemu. Većina kraljeva Izraela i Jude bili su loši. Nisu poštivali Božje zakone i klanjali su se drugim bogovima.

U Jeruzalemu je kraljeva palača bila blizu hrama. Ali kraljevi nisu vodili brigu o hramu.

Bio je prljav i zapušten. Vrata su bila oštećena, a na zidovima su se pojavile pukotine. Čak je i kamen počeo pucati.

U to je vrijeme jedan dječak postao kralj. Zvao se Joaš i imao je samo sedam godina.

Kad se Joaš tek rodio, zla ga je kraljica pokušala ubiti. Dobri su ga svećenici sakrili u hram. Joaš je volio hram i odlučio ga popraviti i vratiti mu prijašnji sjaj i ljepotu.

Joaš je zaposlio radnike koji će popraviti potrgana vrata i napukle zidove. To su bili vrsni majstori za drvo, kamen i metal. Bili su i pošteni.

Joaš je ispred hrama stavio veliku kutiju. Zatražio je od naroda da stavlja novac u kutiju za plaću radnicima. Narod je volio Joaša i radosno su pomagali.

Ipak, kasnije je Joaš prestao biti poslušan Bogu. Gradio je mjesta na kojima je njegov narod mogao štovati druge bogove. Iako je Joaš počeo kraljevati kao dobar čovjek, završio je kao loš.

Kralj dječak koji je volio Boga

Prošlo je mnogo, mnogo godina. Drugi su kraljevi vladali Jeruzalemom. Većina ih je bila zla. Nijedan nije volio Boga. Nisu htjeli trošiti novac kako bi održavali hram. Nakon nekog vremena hram je ponovo bio prljav i zapušten.

Tada je ponovo jedan dječak postao kralj. Zvao se Jošija. Još kao dječak Jošija je volio Boga i htio je da njegov narod također voli Boga.

Mladi je kralj zaposlio radnike da poprave hram. U jednoj od prostorija radnici su pronašli svitak. “Pogledaj”, rekli su. “Ovo su Mojsijeve riječi.”

Odnijeli su svitak kralju. On ga je pažljivo pročitao. Saznao je o svim pravilima i zakonima koje je Bog dao Mojsiju. Nitko nije čitao ova pravila već mnogo, mnogo godina. Ljudi su zaboravili Mojsijeve riječi.

“Moramo činiti ono što Bog kaže”, rekao je Jošija narodu.

I tako je pozorno slijedio Božje zakone cijelog svog života. Bio je dobar kralj i dobar čovjek. Bog ga je blagoslovio i podario mu dug i sretan život.

Trojica u užarenoj peći

Jošija je bio posljednji dobar kralj Jude. Kraljevi nakon njega bili su loši. Koristili su hram za slavljenje drugih bogova i tako ga obeščastili.

Bog je slao proroke koji su upozoravali kraljeve. "Ako me ne poslušate", Bog im je poručivao, "Jeruzalem će biti uništen."

Kraljevi su ismijavali proroke i nisu im vjerovali. Zato je Bog dopustio da babilonski kralj uništi Jeruzalem.

Babilonski je kralj uzeo sve iz hrama. Uzeo je skupocjen namještaj, zlato i srebro, sve predivne ukrase. Nakon toga njegova je vojska spalila hram i srušila zidine Jeruzalema.

Vojska je zarobila tisuće ljudi u Judi. Babilonski ih je kralj odveo u svoju zemlju. U Babilonu ih je prisilio da služe u mnogim gradovima njegova kraljevstva.

Kralj je dao izgraditi golemi kip. Prekrio ga je zlatom i postavio usred grada.

Svima je zapovjedio da kleknu i poklone se kipu. Ali trojica mladića iz Jeruzalema odbili su i rekli: “Ne, mi se klanjamo i slavimo samo Boga.”

Kralj se uznemirio. Pokazao je prema velikoj peći u kojoj je plamtjela vatra. “Ako se ne poklonite kipu”, zaprijetio je, “svezat ću vas i baciti u onu vatru.”

Mladići su odgovorili: “Bog nas može izbaviti iz vatre. No, ako nas i ne izbavi, nećemo se pokloniti ovom kipu.”

Kralj se okrenuo svojim vojnicima: “Rasplamsajte vatru u peći najjače što možete.” Vojnici su poslušali. Nikad ranije vatra u peći nije gorjela tako jako. Bacili su trojicu u vatru, a kralj je promatrao.

Tada se dogodilo nešto nevjerojatno. Vatra ih nije ozlijedila. Nije čak spalila niti njihovu odjeću. Hodali su po žeravici.

Kralj je bio zapanjen: “Bacili smo trojicu u vatru, a sada vidim četvoricu u peći. Onaj četvrti izgleda kao sam Sin Božji.”

Kralj je znao da je Bog spasio ove ljude. Pozvao ih je k sebi. Iako nikad prije nije štovao Boga, sada je povjerovao.

Proglasio je zakon: “Nitko nikada ne smije reći ništa loše o izraelskom Bogu.”

Kraljev strašan san

Babilonski je kralj jedne noći usnuo čudan san koji ga je uplašio.

Sljedećeg je jutra sazvao mnoge mudrace i ispričao im svoj san. “Što taj san znači?”, upitao je.

Nitko nije znao odgovor. Zatim je mladić po imenu Danijel došao pred kralja. Danijela su doveli kao zarobljenika iz Jeruzalema.

Danijel je rekao kralju: “San govori o tome što će vam se dogoditi. Na neko vrijeme izgubit ćete razum i izgubiti prijestolje, ali ćete ozdraviti i ponovo biti kralj."

Sljedeće je godine kralj poludio. Spavao je izvan kuće i jeo travu kao životinja. Nitko nije htio biti blizu njega.

Nakon nekog vremena je ozdravio, baš kao što je Danijel rekao. Kralj je zahvalio Bogu što ga je izliječio, a Bog mu je pomogao da ponovo postane kralj.

Sada je kralj shvatio da je Bog dao Danijelu veliku mudrost. Učinio je Danijela jednim od najmoćnijih ljudi u kraljevstvu.

Danijel i lavovi

Danijel je dugo živio. Bio je mudar i pošten u svemu što je radio. Služio je mnogim kraljevima jer su svi znali da je dobar čovjek.

No, bilo je onih u kraljevoj palači koji nisu voljeli Danijela. Bili su ljubomorni zbog toga što mu kraljevi toliko vjeruju. Odlučili su mu postaviti klopku.

Znali su da se Danijel moli Bogu tri puta dnevno. Rekli su kralju: “Donesi zakon da se sljedećih trideset dana ljudi mogu moliti samo tebi.”

Kralju se svidjela ova ideja. Dodali su: “Također, proglasi zakon da svatko tko se pomoli nekom drugom bude bačen u jamu

s lavovima." Kralju se svidjela i ova ideja. I donio je takav zakon.

Ovi su potajno promatrali Danijela. On je znao za taj zakon, ali je bio neustrašiv. Nastavio se moliti Bogu i onda kad su ga promatrali.

Otrčali su kralju i dojavili mu kome se Danijel moli. Kralj je shvatio da su ga naveli na tanki led. Volio je Danijela i nije htio da strada.

Međutim, kralj mora provoditi svoj zakon. Zapovjedio je vojnicima da uhite Danijela i odvedu ga do jame u kojoj su bili gladni lavovi. Bacili su ga u jamu.

Te noći kralj nije mogao spavati. Brinuo se zbog Danijela.

Ujutro je potrčao prema jami s lavovima. "Danijele!", povikao je. "Jesi li dobro?"

"Jesam", odgovorio je Danijel. "Bog me je sačuvao od lavova."

Zatim je kralj zapovjedio svojim vojnicima da oslobode Danijela. Svima u kraljevstvu je poslao vijest o tome kako je Bog spasio Danijela.

Nehemija, veliki vođa

Novi kralj je došao na vlast u Babilonu. Bio je dobar prema Božjem narodu. “Pomoći ću vam da obnovite Jeruzalem”, rekao je.

I tako su se tisuće Izraelaca vratile u Jeruzalem. Počeli su graditi nove kuće. Također, počeli su gradnju novog hrama.

Obnova grada bila je teška. Nakon mnogih mjeseci rada ljudi su se umorili. Uskoro više nitko nije htio raditi, odustali su od obnove.

U Babilonu je kralj imao slugu koji se zvao Nehemija. Jednom ga je upitao: “Zašto si tako tužan?”

Nehemija je odgovorio: “Tužan sam zbog onoga što se događa u Jeruzalemu. Radnici su prestali graditi grad. Potreban im je dobar vođa.”

Zato je kralj postavio Nehemiju da bude vođa u Jeruzalemu.

"Prvo moramo sagraditi zidine oko grada", rekao je Nehemija obnoviteljima. "Tako ćemo se zaštititi od neprijatelja."

Narodu se svidio ovaj plan. Počeli su podizati zidine. Nehemija je bio vođa kojeg su trebali.

Neprijatelji su bili u blizini i nisu bili sretni što Nehemija tako utvrđuje Jeruzalem.

“Napast ćemo Jeruzalem prije nego što završe zidine”, rekli su.

Nehemija je saznao da planiraju napad. Svakom je radniku dao koplje. Radili su jednom rukom, a u drugoj držali koplje.

Dan za danom, zidine su postajale sve više. U samo dva mjeseca grad Jeruzalem imao je nove zidine. Sada su bili sigurni.

Kad su zidine bile podignute, svi su bili radosni. Stali su u dugačku kolonu i koračali po zidinama oko grada, pjevajući i zahvaljujući Bogu.

Tada je narod rekao Nehemiji: “Želimo znati više o Božjim zakonima.”

Svi su se okupili na otvorenom, točno unutar gradskih vrata. Cijelo jutro su slušali čitanje Božjih zakona. Nakon toga su slavili Boga.

“Od sada nadalje”, rekli su, “poštivat ćemo sve Božje zapovijedi.”

NOVI ZAVJET

Rođenje Ivana Krstitelja

U to je vrijeme živio stari svećenik po imenu Zaharija. Žena mu se zvala Elizabeta. Nisu imali djece.

Jednom dok je Zaharija bio u hramu, podigao je pogled i vidio anđela kako stoji pred njim.

Anđeo mu je rekao: "Zaharija, Elizabeta će roditi dijete. Nazvat ćeš ga Ivan."

Zaharija nije mogao vjerovati što čuje. Žena mu je već bila stara. Kako bi ona mogla dobiti dijete?

Anđeo nastavi: "Zato što mi nisi vjerovao, zanijemit ćeš dok se dijete ne rodi."

Baš kako je anđeo rekao, Elizabeta je rodila dijete. "Nazvat ćemo ga Ivan", rekla je.

"Zašto?", upitali su je prijatelji. "Nitko u tvojoj obitelji nije se tako zvao."

Upitali su Zahariju kako želi nazvati dječaka. Izvadio je komad papira i napisao: "Zvat će se Ivan."

Poruka je sve iznenadila. Još su se više začudili kad je Zaharija odjednom progovorio. Zahvalio je Bogu što mu je dao sina.

Također je rekao: "Bog je obećao učiniti nešto predivno za svijet kroz Abrahamovu obitelj. Ti ćeš, sine moj, biti veliki prorok. Pripremat ćeš ljude za nešto što je Bog obećao Abrahamu."

Isusovo rođenje

Otprilike u isto vrijeme kad i Zahariju, anđeo je posjetio dom jedne djevojke. Zvala se Marija.

Anđeo joj je rekao: “Marijo, Bog je vrlo zadovoljan tobom. Želi da ti doneseš njegova Sina na svijet. Ti ćeš roditi Božjeg Sina.”

Mariji su ove riječi bile čudne. Što bi to trebalo značiti? Nije bila sigurna. Ali odgovorila je poslušno: “Služit ću Bogu i učiniti sve što traži od mene.”

Marija je bila zaručena za čovjeka koji se zvao Josip. On je usnuo san u kojemu mu je anđeo rekao da će Marija roditi dijete.

“Nazvat ćeš ga Isus”, rekao je anđeo.

Kad je došlo vrijeme da se dijete rodi, Marija i Josip su otišli u grad Betlehem. Josip je tražio mjesto gdje bi mogli odsjesti, ali ništa nije mogao naći. Nitko u gradu nije imao slobodnu sobu.

I tako su se Marija i Josip smjestili u štalu. Te se noći rodio Isus.

Pastiri su čuvali ovce na brežuljcima blizu grada. Vidjeli su jarko svjetlo na noćnom nebu. Odjednom su anđeli ispunili nebo iznad njih. Pjevali su, hvalili i slavili Boga.

Anđeli su rekli pastirima: “Noćas se rodilo dijete u Betlehemu. Pronaći ćete ga u štali, umotanog u pelenice gdje leži na jaslama.”

Pastiri su požurili i pronašli dijete. Zatim su hodali radosno kroz grad i govorili o djetetu i o anđelima.

Svi su počeli govoriti: “Ovo je sigurno vrlo posebno dijete.”

Ljudi koji su tražili kralja

U jednoj dalekoj zemlji neki su mudraci svaku noć promatrali zvijezde. Jedne su noći na nebu ugledali novu zvijezdu.

Rekli su prijateljima: "Ova zvijezda znači da je u Judi rođen kralj. Idemo ga tamo pronaći."

Ponijeli su sa sobom darove i krenuli prema Jeruzalemu. Stigli su do palače kralja Heroda.

"Rodio se novi kralj", rekli su. "Gdje je?"

“Ne znam gdje je”, odgovorio je Herod. “Idite, i kad ga pronađete, javite mi. Ja mu se također želim pokloniti.”

Herod je lagao. On se nije htio pokloniti djetetu. Htio ga je ubiti jer mu je smetalo da bilo koga drugoga narod naziva kraljem.

Neki su drugi ljudi u Jeruzalemu pomogli mudracima da pronađu Isusa. Rekli su im: "Naši proroci davno su zapisali da će se veliki kralj roditi u Betlehemu. Idite, dakle, i tamo ćete ga naći."

I tako su mudraci nastavili putovanje. Otišli su u Betlehem u kojemu je odrastao David i ondje su pronašli Josipa, Mariju i Isusa.

Mudraci su Isusu dali lijepe darove. Zatim su se vratili kući. Nisu se vraćali istim putem i nisu rekli Herodu o Isusu jer ih je Bog upozorio o Herodovu planu.

Kad se nisu vratili u palaču, Herod je bio srdit. Zapovjedio je vojnicima: "Idite u Betlehem i ubijte svako muško dijete u gradu koje je mlađe od dvije godine."

Ali Isus više nije bio u Betlehemu. Anđeo je upozorio Josipa o Herodovoj nakani: "Odvedi obitelj u Egipat", rekao je anđeo. "Ondje ćete biti sigurni."

Tako su Josip, Marija i Isus živjeli u Egiptu sve dok Herod nije umro. Nakon toga su se vratili.

Ivan i Isus

Ivan i Isus su bili rođaci. Kad je Ivan odrastao, nastanio se daleko od grada, blizu rijeke Jordan. Čudno se odijevao. Odjeća mu je bila od devine dlake, a nosio je i široki kožni pojas. Hvatao je skakavce i jeo ih s medom.

Ivan je bio poznati učitelj. Ljudi iz cijeloga Izraela dolazili su do rijeke Jordan da bi ga čuli.

“Pripremite se!”, govorio im je Ivan. “Bog će vam uskoro govoriti. Poslat će vam još jednog glasnika, većeg od mene.”

Ljudi su pitali: “Što trebamo učiniti da se pripremimo?”

Ivan je odgovorio: “Budite dobri i iskreni! Nemojte nikoga varati. Podijelite ono što imate s drugima.”

Također im je govorio: “Ako želite živjeti boljim životom, morate se krstiti.”

Ivan je krstio ljude u rijeci Jordan. Uranjao ih je u vodu. Krštenje je značilo da su počeli živjeti novim životom.

Tako je jednoga dana Isus došao k Ivanu da ga ovaj krsti, ali se Ivan nećkao: “Ti si dobar. Tebi ne treba krštenje.”

Isus je bio nepokolebljiv: “Želim biti poslušan Ocu. Hoću da me krstiš.”

Dok je Ivan podizao Isusa iz vode, na Isusa se spustio golub. Tada je Ivan začuo Božji glas s neba: “Ovo je moj ljubljeni Sin. S njim sam vrlo zadovoljan.”

Ivan je počeo govoriti svima o Isusu. “On je veliki Božji glasnik. On je taj o kojemu sam vam govorio. Slijedite njega!”

Isus počinje poučavati

Isus je živio u blizini velikog Galilejskog jezera. Nakon krštenja vratio se u Galileju. Obilazio je sve gradove.

U svakom je gradu iscjeljivao ljude. Dodirivao je slijepce i oni bi progledali. Dodirivao je gluhe i oni bi ponovo čuli. Učinio je da hromi hodaju i iscjeljivao bolesne od gube i drugih bolesti.

Uskoro su svi govorili o Isusu. Kako je moguće da netko ima takvu moć?

Veliko ga je mnoštvo slijedilo. Voljeli su slušati kako im je govorio.

Jednom je poučavao na obronku gore. Mnoštvo je posjedalo na zemlju.

“Volite sve”, rekao im je. “Čak i svoje neprijatelje. Činite dobro i onima koji vas ne vole.”

Zatim je rekao: “Bog je dobar prema svima. On daje sunce i kišu dobrima, ali daje i zlima. Tako se i vi morate ponašati. Budite dobri prema svima.”

“Nemojte biti sebični”, govorio im je. “Kad vas netko zatraži pomoć, učinite što traži. Učinite i više od toga. Odnosite se prema ljudima onako kako biste htjeli da se oni odnose prema vama.”

Isus im je govorio o molitvi. “Bog vas voli. On je vaš otac, pun ljubavi. Dakle, molite se Bogu kao ocu na nebu.”

“Bog će vam dati ono što je dobro”, dodao je Isus. “Ako zemaljski očevi daju dobre darove svojoj djeci, zamislite koliko bolje darove nebeski otac ima za vas.”

“Tražite od Boga hranu i sve što trebate za život. Ne brinite se za sutrašnji dan. Bog će se pobrinuti za sutra. Tražite ono što trebate danas.”

Mnogi koji su slušali Isusa bili su siromašni. Zato im je rekao: “Ne strahujte da nećete imati hrane ili dovoljno odjeće. Bog će se pobrinuti za vas.”

“Pogledajte ptice. Zar one grade žitnice da u njih spreme hranu? Naravno da ne. A Bog ih ipak hrani.”

“Pogledajte cvijeće. Ono se ne brine o svojoj odjeći. Ipak, Bog ga odijeva u predivne boje.”

“Bogu ste vi važniji od svih ptica i od svakog cvijeta na svijetu.”

“Ako se Bog tako brine za ptice i cvijeće, onda će se još bolje pobrinuti za vas.”

Isus je završio govoreći ljudima: “Pozorno me poslušajte! Učinite što vam govorim. Tada ćete biti kao mudar čovjek koji je sagradio kuću na čvrstoj stijeni. Kuću na čvrstoj stijeni ni najsnažnija oluja ne može srušiti.”

Nakon toga ih je upozorio: “Ako zanemarite to što vam govorim, onda ste kao nerazuman čovjek koji gradi kuću na pijesku. Ta kuća nije sigurna. Kad dođe oluja, vjetar i voda, kuća se sruši i čovjek izgubi sve što je imao.”

Isus odabire dvanaestoricu učenika

Isus je znao da mu je preostalo samo nekoliko godina da pouči ljude. Jednom kad ode, trebat će im drugi učitelji. Zato je izabrao ljude koje može poučiti i pokazati im kako da oni postanu učitelji.

Hodao je uz obalu jezera i vidio četiri čovjeka u lađama. Vratili su se s ribolova i krpali su mreže.

"Pođite za mnom!", doviknuo im je. "Naučit ću vas kako da postanete ribari ljudi."

Nikad prije nisu čuli da postoje ribari ljudi. Što je to uopće značilo? Ostavili su svoj posao i postali Isusovi prijatelji. Išli su za njim kamo god je on išao.

Kad je jednom prolazio gradom, spazio je sakupljača poreza. I njega je pozvao: "Pođi za mnom!"

On je ostavio svoj posao i pošao za Isusom.

U idućih nekoliko dana Isus je odabrao dvanaestoricu učenika. Prvo onu četvoricu ribara, koji su se zvali Petar, Andrija, Jakov i Ivan. Nakon toga Mateja, utjerivača poreza.

Isus je odabrao i sedmoricu drugih. Jedan od njih zvao se Jakov. Tako se zvao i jedan od ribara. Ostali su bili Filip, Bartolomej, Toma, Šimun, Tadej i Juda.

Sljedeće tri godine oni su uvijek bili s Isusom. Slušali su kako govori. Gledali kako iscjeljuje bolesne. Znali su sve što govori i radi.

Isus ih je zvao apostolima. To znači “oni koji su poslani”. Isus ih je kanio poslati daleko izvan Izraela. Mnogima su trebali priopćiti radosnu vijest o Isusu.

Neobičan ulazak u kuću

Isus je poučavao ljude gdje god bi došao. Jednom je poučavao u nekoj kući usred grada. Kuća je bila puna ljudi. Više nitko nije mogao ući.

Neka četvorica imali su prijatelja kojemu su noge bile oduzete. “Isus može učiniti da naš prijatelj prohoda”, rekli su.

Ponijeli su prijatelja zajedno s krevetom do kuće u kojoj je bio Isus. Pokušavali su ga unijeti u kuću, ali nisu mogli zbog mnoštva.

U silnoj želji da mu pomognu, uspeli su se na krov i podigli svog prijatelja s krevetom. Otkrili su dio krova iznad Isusa i spustili mu svog bolesnog prijatelja pred noge.

Isus ga je pogledao i rekao: “Tvoji grijesi su oprošteni.”

Svi su znali da je grijeh nepoštivanje Božjih zapovijedi. Neki su bili iznenađeni: “Samo Bog može oprostiti grijehe.”

Isus im je odgovorio: “Vi dakle ne vjerujete da ja imam moć oprostiti grijehe? Što mislite, imam li moć učiniti da ovaj čovjek prohoda?”

Zatim se obratio uzetome: “Ustani! Uzmi svoj krevet i ponesi ga kući.”

Čovjek je odmah ustao, podigao krevet i izašao iz kuće kroz gomilu.

Svi su bili zapanjeni: “Ovako nešto nikad nismo vidjeli.”

Isus čudesno hrani mnoštvo

Jednom je Isus bio daleko od bilo kojega grada. Tisuće je ljudi došlo slušati njegovo poučavanje. Duže su vrijeme bili s Isusom te su ogladnjeli.

Isus je rekao svojim učenicima: “Dajte ovim ljudima nešto za jelo.” Apostoli su odgovorili: “Nemamo ništa.”

Isus im je na to rekao: “Pogledajte što možete naći.”

Išli su od čovjeka do čovjeka, tražeći hranu. Vratili su se Isusu s jednim dječakom.

"Pronašli smo ovog dječaka, koji ima dvije ribe i pet kruhova", rekli su. "Ali, to nije dovoljno hrane za sve ove ljude."

"To je više nego dovoljno", odgovorio je Isus. "Recite narodu da sjedne na travu."

Isus se zahvalio Bogu za jelo i počeo lomiti kruh. I ribe je podijelio na manje komade.

Dao je sve to apostolima i rekao: "Podijelite ljudima! Zatim se vratite po još."

Učenici su prolazili kroz mnoštvo. Svakome su dali komadić kruha i malo ribe. Isus je nastavio davati apostolima još kruha i još ribe.

Uskoro su se svi nasitili. Onda je Isus rekao svojim učenicima: "Prođite kroz mnoštvo s košarama. Prikupite hranu koja je preostala."

Apostoli su napunili ostacima dvanaest košara. S pet kruhova i dvjema ribama nahranili su više od pet tisuća gladnih ljudi!

Stotnik koji je vjerovao Isusu

Jednom je rimski stotnik prišao Isusu.

“Kako ti mogu pomoći?”, upitao je Isus.

“Moj je sluga bolestan”, odgovorio je čovjek. “On mi je osobito drag i bojim se da bi mogao umrijeti.”

Isus mu odgovori: “Doći ću k tebi i iscijeliti ga.”

“Ne moraš dolaziti”, odgovori mu stotnik. “Ti imaš veliku moć. Možeš s ovoga mjesta narediti bolesti da napusti mog slugu.”

I zatim je dodao: “Kad ja zapovjedim svojim vojnicima da nešto učine, oni me slušaju. Ova bolest sluša tebe, baš kao što moji vojnici slušaju mene.”

Isus se okrenuo mnoštvu: “Mnogi su vjerovali u mene i moju moć. Ali nitko nije vjerovao kao ovaj čovjek.”

Zatim je odgovorio stotniku: “Učinio sam kako si htio. Vrati se kući. Tvoj je sluga zdrav.”

Isus zaustavlja oluju

Na obali Galilejskog jezera bilo je mnogo gradova. Isus je išao od jednog do drugog i poučavao ljude.

Jednom je rekao svojim apostolima: "Pođimo na drugu obalu jezera."

Ušli su u lađu. Isus je otišao na krmu i pronašao mjesto za spavanje.

Lađa je zaplovila preko jezera. U početku su valovi lagano ljuljali lađu. Ali uskoro se podignuo vjetar koji je puhao sve jače.

Valovi su bili sve veći. Bacali su lađu gore-dolje.

Isus je i dalje spavao.

Oluja je postajala sve žešća. Valovi su bili tako visoki da je voda prodirala u lađu. Učenici su se bojali da će lađa potonuti.

Prišli su Isusu i probudili ga. "Kako možeš spavati?", upitali su. "Potopit ćemo se!"

Isus im je odgovorio: "Zašto se bojite? Zar mi ne vjerujete?"

Pogledao je goleme valove i zapovjedio oluji: "Stani!"

Vjetar je stao i valovi su se potpuno umirili. Oluja je prestala.

Učenici su čudeći se pitali jedni druge: "Odakle mu takva moć? Čak ga i vjetar i valovi slušaju."

Isus hoda po vodi

Nekom drugom prilikom apostoli su ponovo lađom plovili preko jezera. Isus nije bio s njima. Ostao je na obali, jer je htio provesti neko vrijeme sam.

Ponovo ih je uhvatilo nevrijeme. Apostoli su veslali, ali ih je vjetar vraćao natrag.

Kasno te noći Isus se zaputio preko jezera, ali ne lađom. Hodao je po vodi!

Kad je došao blizu lađe, apostoli su pomislili da je sablast. Preplašili su se.

"Ne plašite se", doviknuo im je. "To sam ja!"

"Ako si to zaista ti", rekao mu je Petar, "učini da i ja mogu hodati po vodi".

"Dobro. Zakorači iz lađe i kreni prema meni."

Petar je hrabro iskoračio na vodu. Napravio je jedan korak, pa drugi. Hodao je po vodi!

Ali kad je pogledao oko sebe, vidio je goleme valove. Vjetar je snažno puhao. Uplašio se i istoga trena počeo tonuti.

Isus je ispružio ruku i uhvatio Petra. Pomogao mu je da se vrati u lađu. Zatim je i sam ušao unutra.

"Zašto si se uplašio?", upitao je Petra.

Vjetar je prestao puhati. Čamac je zaplovio dalje.

Učenici su uskliknuli: "Ti si zaista Sin Božji."

Dobra zemlja, dobra srca

Isus je volio priče. Ljudi su ga s uživanjem slušali jer su to bile prave životne pouke.

Ispričao je priču o zemljoradniku. Došlo je vrijeme da posije svoj usjev. Otišao je u polje s vrećom sjemenja. Bacao je sjeme svuda uokolo, po cijelom polju.

Uz polje je bio put. Zemlja je bila ugažena i tvrda.

Neko je sjeme palo na put. Kako je zemlja bila tvrda, sjeme nije moglo pustiti korijen. Došle su ptice i pojele sjeme.

Drugo je sjeme palo na zemlju koja je bila puna kamenja. Sjeme je niknulo, ali kamenje je zagušilo njegovo korijenje. Biljke su uvenule.

Neko je sjeme palo na mjesta prekrivena korovom i trnjem. I ondje je sjeme počelo rasti. Korov i trnje bili su pregusti. Oduzimali su mu sunčevu svjetlost i vodu. Nove biljke su živjele kratko i uskoro su uvenule.

Ostatak sjemenja pao je na dobru zemlju. U zemlji nije bilo kamenja, ni korova, ni trnja. Biljke su mogle pustiti duboko korijenje. Imale su dovoljno sunčeve svjetlosti i vode.

Ove biljke su izrasle velike. One su zemljoradniku dale bogat urod.

Kad je Isus završio priču, pitali su ga: "Koje je značenje te priče?"

Isus im odgovori: “Ova priča je o ljudima i načinu kako oni slušaju što im govorim. Zamislite da su moje riječi sjeme.”

“Neki ljudi imaju tvrda srca, kao ona zemlja na putu. Oni me uopće ne slušaju.”

“Drugi su kao zemlja ispunjena kamenjem. Prvo me slušaju. Pokušavaju činiti ono što je dobro. No, uskoro uvide da je ponekad teško činiti dobro, pa odustanu i prestanu se truditi.”

“Neki su kao tlo pod korovom i trnjem. Oni slušaju što govorim i moje riječi puste korijenje u njihovim srcima. Uzbuđeni su i žele služiti Bogu.”

“Ali nakon nekog vremena, počnu se brinuti. Brinu se za novac. Brinu se hoće li imati dovoljno hrane. Brinu se hoće li imati prijatelje. Briga zaguši njihovu ljubav prema Bogu.”

“Postoje i ljudi čija su srca kao dobro tlo. Oni slušaju moje riječi. Slušaju Boga i služe mu.

Oni provedu život čineći dobro drugim ljudima. To je najbolji život jer je Bogu ugodan.”

Ljubav prema bližnjemu

Dobar učitelj Zakona jednom je pitao Isusa: “Koji je od Božjih zakona najvažniji?”

Isus je rekao: “Najvažniji je zakon voljeti Boga svime što jesi, ali isto tako voljeti svog bližnjega kao samoga sebe.”

“Tko je moj bližnji?”, upitao je učitelj.

Isus je rekao: “Odgovorit ću ti ovom pričom.”

Isus je zatim ispričao priču o čovjeku koji je putovao po opasnoj cesti blizu Jeruzalema. Napali su ga razbojnici. Pretukli su ga i ukrali mu novac.

Ostavili su ga ranjena kraj ceste. Krvario je i nije mogao hodati.

Tuda je prolazio neki levit, hramski službenik. Pretpostavljalo se da će hramski službenik pomoći ovom čovjeku, ali on je nastavio dalje svojim putem. Nije se niti zaustavio.

Za njim je prošao neki svećenik. I on je služio u hramu, ali ni on nije stao.

Tada je došao treći čovjek, na magarcu. Bio je to neki stranac.

Kad je vidio ranjena čovjeka, sišao je s magarca i dao čovjeku vode. Zatim mu je očistio rane.

Stavio ga je na magarca i odveo do obližnjeg grada. Pronašao je mjesto gdje odsjedaju putnici.

Vlasniku je dao novac. "Pobrini se za ovog čovjeka", rekao je. "Platit ću koliko treba."

Isus je dovršio priču pitanjem. "Koji se od ove trojice ponio kao bližnji?"

Učitelj mu je odgovorio: "Onaj koji je pokazao milosrđe."

"Tako i ti iskaži milosrđe svima koje susretneš", savjetovao mu je Isus.

Dobar otac, pun ljubavi

Isus je ispričao još jednu priču o dobrom čovjeku. O ocu dvojice sinova. Obojica sinova već su bila odrasla.

Mlađi je sin htio napustiti dom. Htio je otići nekamo daleko i dobro se zabavljati.

Rekao je: “Oče, obećao si da ćeš mi jednoga dana dati dio svoga imanja. Daj mi ga sada.”

I tako je otac dao sinu njegov dio. On je napustio dom i otišao u tuđinu. Ondje je upoznao mnoge nove prijatelje i na njih potrošio sav novac. Stalno je išao na zabave.

Kad je ostao bez novca, prijatelji su ga napustili. Ostavili su ga samog i gladnog.

Pronašao je posao kao čuvar svinja. Bio je tako gladan da je jeo hranu koju je davao svinjama.

Tada je počeo razmišljati o svojoj obitelji. Rekao je sebi: "Sluge koje rade za mog oca imaju više hrane od mene. Vratit ću se kući i postati sluga svom ocu."

I tako je krenuo kući. Napokon je ponovo ugledao svoju kuću. Vidio je oca kako trči niz put, njemu ususret.

Najmlađi sin je zajecao: "Oče, potrošio sam sve. Nisam zaslužio da budem tvoj sin. Mogu li biti jedan od tvojih slugu?"

Otac mu je odgovorio: "Sluga? Ne! Ti si moj sin. Radostan sam što si se vratio kući."

Brzo je zapovjedio da sinu daju ogrtač i da mu na ruku stave prsten. Zatim je rekao: "Neka bude velika zabava za moga sina, koji se vratio kući."

Stariji brat je bio srdit. “Zašto si tako dobar prema njemu?”, upitao je. “On je uludo potrošio sve što si mu dao.”

Otac je odgovorio: “Sin mi se vratio kući. To je puno važnije od svega što je potrošio. Dođi, uživaj u zabavi!”

Dok je Isus ovo pričao, ljudi su ga pozorno slušali. Ovo je priča o Bogu. Bog je dobar, baš kao i ovaj otac. Bog zna kad mi činimo loše. No, on nas i tada voli. Kad prestanemo raditi što je loše, Bog će nam rado oprostiti.

Čovjek koji je rekao "hvala"

Izvan sela, izdvojeno, živjelo je deset gubavaca. Guba je strašna i zarazna bolest. Gubavci nisu smjeli živjeti među ostalim ljudima jer nitko nije htio biti blizu njih.

Jednog je dana Isus došao u selo. Desetorica gubavaca su ga vidjela. Povikali su: "Isuse, smiluj nam se!"

Isus se okrenuo prema njima i rekao: “Otiđite svećenicima da vas pogledaju.” Svećenici su odlučivali kad je netko iscijeljen.

Ljudi su otišli, tražeći svećenika. Kako su odlazili, njihova su se tijela počela mijenjati. Guba je nestala. Bili su potpuno zdravi.

Jedan od njih se zaustavio. “Prije nego što odem do svećenika”, pomislio je, “moram zahvaliti Isusu što me iscijelio.”

Požurio je natrag. Dotrčao je do Isusa i kleknuo pred njega.

“Hvala ti! Hvala ti!”, ponavljao je čovjek.

Isus ga je upitao: “Gdje su drugi koji su bili s tobom? Zar niste svi ozdravili?”

“Došao sam sam”, odgovori je.

Drugi su otišli do svećenika. Nitko se od njih nije vratio i rekao Isusu “hvala”.

Sitno sjeme

Isus je govorio da je došao s Neba. Nebo je dom Boga i anđela. To je kraljevstvo u kojemu je Bog vladar i kralj.

Isus je govorio ljudima: “I vi možete postati dio kraljevstva nebeskog, čak i ovdje na zemlji.

Ako volite Boga i činite ono što on traži, živjet ćete u Božjem kraljevstvu."

Kamo god je išao, govorio je o kraljevstvu. Kad bi počinjao priču, rekao bi: "Ovakvo je kraljevstvo nebesko."

Jednom je rekao da je kraljevstvo kao zrno gorušice. Zrno je gorušice vrlo sitno. Nije puno veće od zrnca pijeska.

Ali kad ga netko posadi u vrtu, iz sjemena izraste veliki grm. To je obično najveća biljka u vrtu. Ptice se rado gnijezde u njezinim granama.

"Božje kraljevstvo raste na isti način", rekao je Isus. U početku, kraljevstvo Božje je malo, kao zrno gorušice, jer se vrlo malo ljudi odlučuje slušati i slijediti Boga.

Ali kad drugi vide kako je dobro i lijepo živjeti u Božjem kraljevstvu, i oni se pridruže. Tako raste kraljevstvo.

Mreža puna riba

U jednoj drugoj priči Isus govori o ribaru s velikom mrežom, koju je bacio u vodu i ulovio mnogo riba.

“Vukao je mrežu”, rekao je Isus, “dok ju nije izvukao na obalu”.

“Zatim je vadio ribe iz mreže jednu po jednu. Neke su bile dobre i njih je stavljao

u košare. Druge nisu i njih je bacio natrag u vodu."

"Kraljevstvo je nebesko kao ta mreža", objasnio je Isus. "Mnogi bi htjeli u kraljevstvo, ali nisu svi dobri."

"Jednoga će dana anđeli izbaciti zle iz kraljevstva, a dobri će ostati i živjeti s Bogom zauvijek."

Skriveno blago

Isus je također rekao kako je kraljevstvo kao blago skriveno u polju. Nitko ne zna gdje je blago skriveno i kako ga naći.

Neki čovjek je slučajno pronašao blago. Bio je uzbuđen. Htio ga je zadržati za sebe, ali polje nije bilo njegovo.

Ostavio ga je skrivenog. Otrčao je u grad, prikupio sve svoje imanje i prodao ga. Sad je imao dovoljno novca da kupi polje.

Otišao je do vlasnika polja i rekao: “Želim kupiti tvoje polje. Evo, tu je novac.”

Nagodio se s vlasnikom i kupio polje. Sad je blago pripadalo njemu. Požurio je natrag u polje i iskopao blago. Bio je vrlo sretan čovjek.

Predivan biser

Isus je ispričao još jednu priču o čovjeku koji je kupovao i prodavao bisere. Uvijek je tražio bisere koji su bili osobito lijepi i skupocjeni.

Jednoga je dana naišao na poseban biser. Bio je to najljepši biser kojeg je ikada vidio. "Moram imati taj biser", pomislio je.

Odlučio je prodati sve bisere koje je imao kako bi kupio taj jedan.

Ljudi su voljeli ove priče. Isus ih je volio pričati. Koristio je priče kako bi im objasnio: “Kraljevstvo nebesko treba vam biti vrednije od bilo čega drugoga.”

Isus i djeca

Kad god bi Isus došao u neki grad, oko njega bi se okupilo mnoštvo ljudi. Dolazili su i ljudi s malom djecom. Htjeli su da djeca vide Isusa.

Počeli bi se gurati kroz mnoštvo, pokušavajući doći bliže Isusu. No, apostoli su ih zaustavljali. Govorili su im da odu. "Ne gnjavite Isusa! On nema vremena za djecu."

Isus je to čuo, okrenuo se i ljutito ih pogledao. Rekao im je: "Nikad nemojte priječiti djeci da dođu k meni."

Uzeo je djecu u naručje, jedno po jedno. Za svakoga je izrekao kratku molitvu.

Isus je volio djecu. Jedne večeri, dok je sjedio u nekoj kući i poučavao svoje prijatelje, pozvao je k sebi jednog dječaka.

Zagrlio ga je. "Pogledajte ovo dijete!", rekao je apostolima. "Njegovo je srce čisto. Vi trebate imati srce kao on ako želite biti dio kraljevstva nebeskog."

Isus vraća prijatelja u život

Iako je Isus volio sve ljude, neki su mu bili osobito bliski. Takvi su bili Lazar i njegove sestre Marija i Marta. Isus je često bio gost u njihovu domu.

Dok je Isus poučavao u drugom dijelu zemlje, Lazar se razbolio i umro. Javili su to Isusu. On je rekao apostolima: "Naš prijatelj Lazar je zaspao. Idem ga probuditi."

Četiri dana kasnije došao je u grad gdje su živjele Marija i Marta. Marija je rekla: "Naš je brat bio jako, jako bolestan. Da si bio ovdje, mogao bi ga izliječiti. Još uvijek bi bio živ."

Isus je rekao tužnim sestrama: "Vaš će brat ponovo živjeti. Vjerujete li mi?"

Tada im je rekao: "Pokažite mi gdje je Lazar pokopan." Odveli su ga do groba. Grob je bio u maloj spilji, izdubljenoj u stijeni. Ulaz u grob bio je zatvoren velikim kamenom.

Isus je počeo plakati. “Maknite kamen!”, zapovjedio je. Ljudi su gurnuli teški kamen s ulaza u grob.

Isus je pogledao u nebo i izrekao kratku molitvu. Zatim je ponovo pogledao prema grobu.

“Lazare!”, povikao je. “Izađi odmah!”

Trenutak kasnije Lazar je izašao iz groba. Bio je umotan u povoje u koje su ga umotale Marija i Marta kad su ga pripremale za pogreb.

“Skinite mu povoje!”, rekao je Isus. “Oslobodite ga!” Lazar je ponovo bio živ.

Glas iz oblaka

Isus je često odlazio na osamu. Trebao je neko vrijeme biti sam i moliti.

Jednog je dana poučavao blizu neke planine. Okrenuo se Petru, Jakovu i Ivanu. “Dođite sa mnom”, rekao je. “Uspnimo se na onu planinu.”

Blizu vrha Isus je pronašao dobro mjesto za molitvu. Dok je molio, tijelo mu se promijenilo. Postalo je sjajno i blještavo. Odjednom su se na planini pokraj njega stvorila još dva čovjeka. Jedan od njih bio je Mojsije, a drugi Ilija.

Mojsije i Ilija su razgovarali s Isusom. Apostoli su pozorno slušali. Mojsije i Ilija su govorili da će Isus uskoro napustiti zemlju.

“O čemu to govore Mojsije i Ilija?”, apostoli su pitali jedni druge.

Tada je Petar progovorio. “Sagradimo tri žrtvenika ovdje na planini gdje možemo ovoj trojici dati čast. Jedan u čast Mojsiju, drugi u čast Iliji, a treći u čast Isusu.”

Odjednom je svijetli oblak prekrio vrh planine. Petar, Jakov i Ivan našli su se unutar oblaka i ništa nisu vidjeli.

Iz oblaka se začuo glas: “Isus je moj Sin. Slušajte što vam govori!”

Oblak se podigao. Apostoli su pogledali uokolo, ali Mojsija i Ilije više nije bilo. Isus je stajao sam.

Tada je Isus rekao: “Nikome nemojte govoriti o ovome što se danas dogodilo. Za sada to mora

biti tajna, ali doći će dan kad ćete ovo svima reći."

Malen rastom – velik srcem

Isus je tri godine poučavao u Galileji. Rekao je svojim apostolima: “Moramo ići u Jeruzalem. Ondje će me uhititi i ubiti.” Apostoli to nisu mogli vjerovati.

Krenuli su prema Jeruzalemu. Pridružili su im se još neki iz Galileje.

Stigli su u Jerihon gdje ih je čekalo mnoštvo ljudi. Stajali su s obje strane puta i čekali da vide Isusa.

U Jerihonu je živio čovjek koji se zvao Zakej. On je bio sakupljač poreza za kralja. Nitko nije volio kralja, pa nisu voljeli ni Zakeja.

Zakej je bio vrlo bogat. Često je varao ljude i prisiljavao ih da plate više poreza nego što su morali. Višak bi zadržao za sebe.

Zakej je čuo da Isus prolazi kroz Jerihon. Krenuo je prema mjestu odakle je mogao vidjeti Isusa. Nije se mogao probiti kroz mnoštvo, a kako je bio niskog rasta, nije vidio zbog ljudi ispred sebe.

Potrčao je niz ulicu prema visokom stablu. Uspeo se na stablo i pronašao dobro mjesto s kojeg je mogao dobro vidjeti.

Isus je prolazio kraj stabla i pogledao gore. "Zakeju! Siđi! Danas ću jesti u tvojoj kući."

Zakej se brzo spustio sa stabla. Primio je Isusa i apostole u svoju kuću i pripremio im veliku gozbu.

Za vrijeme gozbe Isus je govorio kako treba biti dobar i pošten prema ljudima. Zakej je pozorno slušao. Te su riječi bile namijenjene njemu.

Pokajao se i rekao: "Isuse, dat ću pola svog novca siromašnima i vratit ću svima koje sam prevario."

Isus je bio zadovoljan. “To je predivna promjena”, rekao mu je. “Bog me poslao da pronađem ljude kao što si ti, koji su spremni prestati činiti loše. Sada si onakav kakvog te Bog želi. Bog želi da svi budu takvi.”

Ulazak u Jeruzalem

Isus i apostoli napustili su Jerihon i nastavili prema Jeruzalemu. Jeruzalem se nalazio na gori, a put je bio strm.

Isus se zaustavio blizu Jeruzalema kako bi posjetio prijatelje. Rekao je dvojici učenika: "Idite u susjedno selo. Kad uđete u selo, vidjet ćete magaricu i magare. Dovedite ih k meni."

Apostoli su otišli u selo i pronašli magaricu i magare. Odvezali su ih i doveli k Isusu.

Stavili su svoje ogrtače na leđa magaretu. Isus je sjeo na magare, a prijatelji su se okupili oko njega. Tako su nastavili dalje prema Jeruzalemu.

Brzo se proširio glas da Isus dolazi. Ljudi su požurili sa svih strana. Rezali su palmine grane i mahali njima kao zastavama. Druge su grane stavljali na put ispred Isusa.

Svi su bili uzbuđeni. Stalno su uzvikivali: "Veličanstven je kralj koji dolazi u Božje ime!"

Još uvijek su uzvikivali kad je Isus stigao u Jeruzalem. Vjerski su vođe čuli to što narod uzvikuje.

"Zašto tog čovjeka zovu kraljem?", upitali su vjerski vođe. "Ako slušaju Isusa, neće slušati nas. Moramo ga se riješiti."

Isus je u gradu proveo tjedan dana. Pokušali su ga uhititi, ali je oko Isusa uvijek bilo veliko mnoštvo. Nisu htjeli okrenuti narod protiv sebe. "Moramo ga uhititi kad je sam", odlučili su.

Tada je jedan od apostola – po imenu Juda – otišao k njima. Juda nije bio iskren ni pošten. Volio je novac. Juda je pitao: "Koliko novca ćete mi dati ako vam pomognem da uhvatite Isusa?"

Dogovorili su se da mu daju trideset srebrnjaka. Juda je pristao: “Dobro. Pristajem.”

Vratio se k Isusu. Isus je znao za Judinu izdaju i što smjera učiniti, ali nikome nije o tome govorio.

Posljednja večera

Za vrijeme Isusova boravka u Jeruzalemu bio je veliki blagdan – Pasha. Pasha se počela slaviti još u doba Mojsija. Taj je blagdan podsjećao Izraelce na to kako im je Bog pomogao da izađu iz egipatskog ropstva.

Na blagdan Pashe pripremao se poseban obrok, sličan onome koji su Izraleci jeli prije odlaska iz Egipta.

Isus i apostoli trebali su prostoriju u kojoj bi mogli prirediti pashalnu večeru. Neki im je čovjek rekao: "Ja imam sobu koju možete upotrijebiti."

Te su se večeri Isus i apostoli okupili oko pashalne večere. Dok su jeli, Isus im je rekao: "Jedan od vas okrenut će se protiv mene i pomoći mojim neprijateljima." Svi su se apostoli pitali: "Tko bi tako nešto učinio?"

Tada je Isus uzeo zalogaj kruha, umočio ga u umak i dodao Judi. Zatim je rekao: “Idi i učini što trebaš učiniti.” Juda je ustao i otišao.

Isus je ostao sam s ostalim apostolima. Za vrijeme obroka Isus je uzeo još jedan komad kruha i zahvalio Bogu. Razlomio ga je i dao svakom učeniku.

Zatim je uzeo čašu vina. Ponovo se pomolio i rekao da svatko popije malo vina.

“Jednom kad me ne bude, ovako ćete zajedno jesti kruh i piti vino. Kad to budete činili, sjetite se mene i onoga što sam vas naučio.”

Zatim im je ponovio: “Uskoro ću otići, ali nemojte se plašiti. Nakon nekog vremena svi ćemo ponovo biti zajedno.”

Ove su riječi ražalostile apostole. Kamo on ide? I oni su htjeli poći s njim.

Isus je nastavio: “Ne, vi ne možete ići sa mnom.” Zatim je rekao: “Dođite! Pronađimo mjesto za molitvu.” Zajedno su otpjevali duhovnu pjesmu i krenuli.

Isusovo uhićenje

Isus i apostoli izašli su iz kuće i pošli izvan gradskih zidina. Došli su do jednog vrta.

Isus je rekao učenicima: "Ostanite ovdje i nemojte zaspati!" Zatim je otišao usred vrta i počeo moliti.

Dok je Isus bio u vrtu, Juda se sastao s vjerskim vođama. "Znam gdje noćas možete uhititi Isusa", rekao je.

S Judom su poslali nekoliko vojnika. Vojnici su upalili baklje da osvijetle put i onda su svi krenuli prema vrtu.

Juda je rekao: "S Isusom će biti i drugi ljudi. Kad dođem do njih, prići ću Isusu i poljubiti ga. Tako ćete znati koga trebate uhititi."

Juda je s vojnicima došao do vrta. Prošli su pokraj apostola i Juda ih je poveo do Isusa. Poljubio ga je u obraz.

Vojnici su zgrabili Isusa i izveli ga iz vrta.

Apostoli nisu znali što se događa. Zašto su vezali Isusa? Kamo ga ovi ljudi odvode? Uplašili su se, pobjegli iz vrta i sakrili se.

Vojnici su odveli Isusa pred vjerske vođe, koji su ga cijelu noć ispitivali.

"Ovaj čovjek tvrdi da je Sin Božji", rekli su. "Time je uvrijedio Boga. Zbog toga je zaslužio smrt."

Isusova smrt na križu

Ujutro su ga odveli do rimskog upravitelja koji se zvao Pilat. Zatražili su od Pilata da osudi Isusa na smrt.

Pilat je vidio da je Isus nedužan.

"Nije prekršio zakon. Zašto želite njegovu smrt?" Vjerski vođe nisu odustajali: "Ovaj čovjek mora umrijeti."

Pilat je predao Isusa vojnicima. Oni su ga prvo tukli, a zatim su ga odveli na brdo izvan grada. Pribili su ga na križ. Tako su ga ostavili da umre u velikim mukama.

Isus je postajao sve slabiji. Do ranog je popodneva bio mrtav. Njegove zadnje riječi bile su: "Gotovo je."

Čovjek po imenu Josip otišao je do Pilata. "Mogu li pokopati Isusa?" upitao je.

Pilat je odgovorio: "Dobro, možeš uzeti njegovo tijelo."

Josip je imao grobnicu nedaleko od mjesta gdje je Isus bio razapet. "Ovdje ćemo ga pokopati", rekao je.

Vojnici su spustili Isusa s križa. Predali su njegovo tijelo Josipu. Isusovi su prijatelji omotali njegovo mrtvo tijelo u povoje. Prije zalaska sunca položili su Isusa u grobnicu.

Na ulaz u grobnicu stavili su veliki kamen. Vratili su se kući. Bili su tužni. Nitko od njih nije razumio zašto je Bog dopustio da Isus umre.

Pilat je poslao vojnike da stražare pred grobnicom. “Ne puštajte nikoga blizu”, rekao im je. “Nitko više ne smije vidjeti ovog čovjeka.”

Isus se vraća u život

Tri dana nakon što je Isus pokopan vojnici su i dalje stražarili ispred grobnice. Odjednom se pojavilo jarko svjetlo, a pred njih je stao anđeo. Vojnici su bili toliko prestrašeni da su se onesvijestili.

Anđeo je maknuo kamen s grobnice. Isus je izašao. Bio je živ! Bog ga je vratio u život!

Kasnije, tog jutra, neke su žene došle do groba. Bile su to Isusove prijateljice. Kad su vidjele da je grobnica otvorena, pogledale su unutra, ali Isusova tijela nije bilo.

"Zar tražite Isusa?", upitao ih je glas. Žene su pogledale i vidjele anđela. Anđeo im je rekao: "On nije ovdje. Vratio se među žive. Recite njegovim učenicima da ih čeka u Galileji."

Žene su požurile natrag u grad. Rekle su apostolima o praznom grobu, o anđelu i onome što im je rekao.

Petar i Ivan su skočili i otrčali do groba. Petar je ušao u grobnicu i pronašao povoje kako leže na kamenu. Bili su to isti povoji kojima je bilo omotano Isusovo mrtvo tijelo.

Te večeri, dok su apostoli bili zajedno, Isus je ušao u sobu. Razgovarali su s njim i dodirivali ga. Više nisu bili tužni, znali su da je Isus živ.

Isus doručkuje s učenicima

Apostoli su se vratili u Galileju i čekali Isusa. Jedne su noći otišli loviti ribu. Držali su se obale cijelu noć, ali ništa nisu ulovili.

Počelo je svitati. Obalom je prolazio neki čovjek koji im je doviknuo: "Bacite mreže na drugu stranu lađe. Ondje su ribe."

Poslušali su ga i bacili mreže u vodu. Kad su ih izvukli, bile su pune riba.

Ivan je rekao Petru: “To je sigurno Isus.” Petar je skočio u vodu i zaplivao prema obali. Drugi su čamcem došli za njim.

Pronašli su Isusa kako sjedi uz vatru. Pekao je ribu. “Želite li doručak?”, upitao je.

Dok su jeli, Isus ih je poučavao. Ostao je s njima u Galileji skoro mjesec dana. Svaki ih je dan poučavao o Bogu. Pripremao ih je kako bi oni mogli druge učiti o Bogu.

Isus je apostolima govorio o obećanju koje je Bog dao Abrahamu. Bog je rekao Abrahamu: “Nešto predivno doći će na ovaj svijet kroz tvoju obitelj.”

“Ja sam ispunjenje tog obećanja”, rekao je Isus. “Donio sam vam radosnu vijest o Božjoj ljubavi i opraštanju. Pokazao sam vam da možete živjeti s Bogom ovdje i u vječnosti.”

Isus odlazi na Nebo

Isus se s apostolima vratio u Jeruzalem. Poveo ih je na brdo izvan grada.

Rekao je: "Vrijeme je da se vratim na Nebo i budem sa svojim ocem. Nakon što se tamo vratim, morate ići posvuda i govoriti ljudima o meni. Počnite prvo poučavati u Jeruzalemu."

Dok je još govorio, počeo se uzdizati sa zemlje. Podizao se sve više i više, dok ga nisu sakrili oblaci. Apostoli su ostali zapanjeni.

Tada su se pojavila dva anđela. Rekli su im: "Isus je otišao na nebo, ali će se jednoga dana ponovo vratiti."

Vraćali su se u grad i razgovarali o tome što su im rekli anđeli. Sad su bili spremni svima govoriti o Isusu.

Veličanstveni dan u hramu

Apostoli su svaki dan dolazili u hram. To je bilo mjesto gdje su molili i sastajali se sa svojim prijateljima.

Jednom su u vrijeme blagdana u Jeruzalem došli mnogi ljudi iz stranih zemalja. Hram je bio prepun. Apostoli su bili ondje.

Odjednom se začula velika buka, kao snažan vjetar, a iznad svakog apostola pojavio se plamičak.

Mnoštvo je nagrnulo prema mjestu gdje su bili apostoli. Tada su oni počeli govoriti o Isusu i tome da je on bio Božji Sin.

Ljudi su govorili svojim jezicima, a apostoli te jezike nisu poznavali. No, Bog je tada apostolima dao posebne moći. Govorili su jezicima koje nikad nisu učili.

Egipćani su bili začuđeni: "Ovi govore kao u mom gradu!" Perzijanci su se čudili: "Pa ovako govore u mome mjestu!" Isto su govorili iz svih drugih naroda.

Svima je ovo bilo zapanjujuće. Pozorno su slušali apostole. Tri tisuće njih je odlučilo: "Želimo slijediti Isusa!" Kršteni su toga dana te su postali kršćani.

Tada su apostoli znali da je došlo vrijeme da govore o Isusu diljem svijeta.

Vjerski vođe prijete Petru i Ivanu

Vijest o događaju u hramu brzo se proširila. Svi su govorili o tome. Mnogi su odlučili postati kršćanima i slijediti Isusov nauk.

Vjerski vođe nisu bili sretni. Isusa su dali ubiti, a sada njegovi učenici zbunjuju narod i tvrde da je Isus živ.

Uhitili su Petra i Ivana i bacili ih u zatvor. Sljedećeg su im dana zaprijetili: "Pustit ćemo vas kući ako prestanete govoriti o Isusu."

Petar i Ivan nisu se dali pokolebati: “Vi ste samo ljudi. Mi radimo ono što nam je Bog rekao da činimo. Moramo slušati Boga, a ne vas.”

Nastavili su im prijetiti, ali Petar i Ivan su ostali hrabri. Na kraju su ih oslobodili.

Petar i Ivan su se vratili drugim kršćanima. “Poslušajte što nam se dogodilo!” Svi su bili radosni i zahvaljivali su Bogu.

Bog im je dao hrabrosti. Nastavili su poučavati o Isusu. Uskoro je u Jeruzalemu bilo više od pet tisuća kršćana. Kraljevstvo je nebesko raslo.

Petrov bijeg

Kasnije je Petar opet bio uhićen. Kraljevi vojnici odveli su ga i zatočili. Da ne pobjegne, stavili su mu noge i ruke u lance. Postavili su snažnu stražu.

Jedne noći, dok je Petar spavao, netko ga je dotaknuo i on se probudio. Uz njega je stajao anđeo. S Petrovih nogu i ruku spali su okovi.

"Pođi za mnom!", pozvao ga je anđeo.

Petar je ustao i pogledao oko sebe. Svi su vojnici spavali.

Petar je izašao iz zatvora. Vrata su se pred njim otvarala i uskoro je bio na ulici.

Nedaleko od zatvora Petrovi su prijatelji molili u jednoj kući. Molili su Boga da sačuva Petra.

Petar je došao do te kuće i pokucao na vrata. Jedna je djevojka začula kucanje i pogledala kroz prozor. Nije mogla vjerovati svojim očima – vidjela je Petra!

Bila je toliko uzbuđena da je zaboravila otključati vrata. Otrčala je u kuću i uzbuđeno rekla da je pred vratima – Petar.

Isprva joj nitko nije vjerovao. Ostavili su Petra da čeka ispred zaključanih vrata. Konačno je netko otišao i pogledao. To je zaista bio Petar! Uveli su ga u kuću. Svi su htjeli znati kako je bio oslobođen.

Petar im je rekao što se dogodilo, a zatim je otišao. Za kratko vrijeme ponovo je bio u hramu i govorio o Isusu. Čak ga ni kralj nije mogao u tome spriječiti.

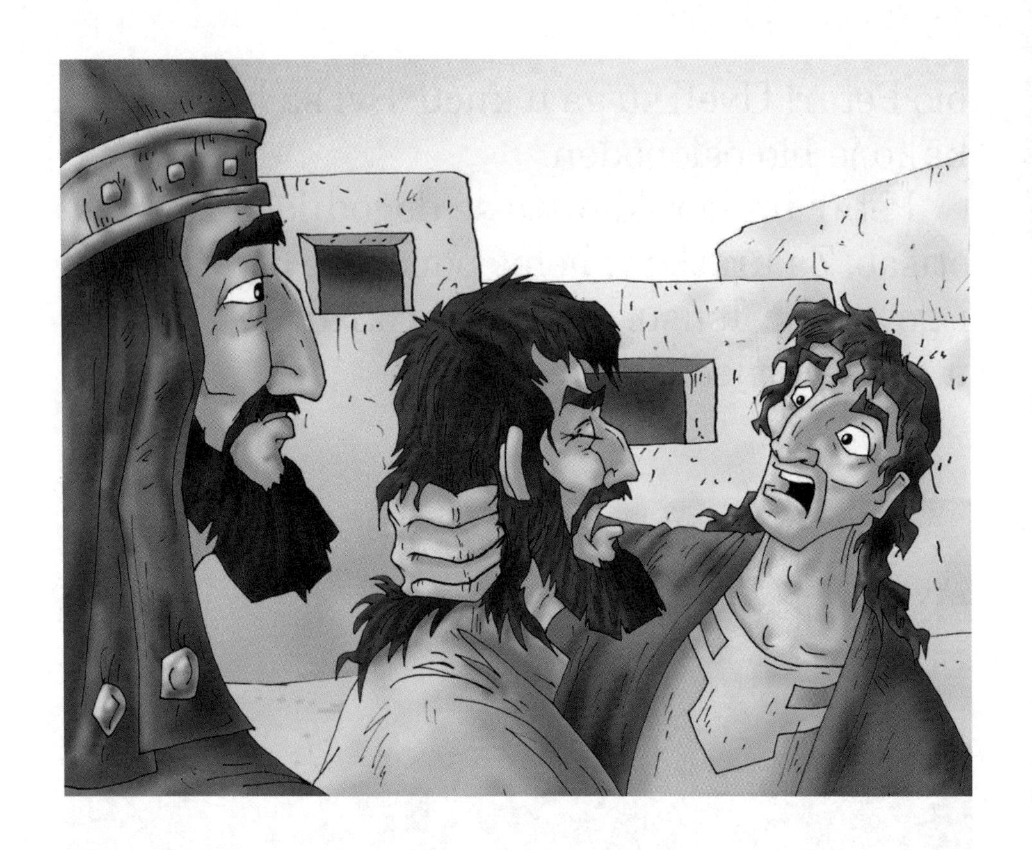

Savao postaje kršćaninom

U Jeruzalemu je živio čovjek po imenu Savao. Bio je blizak vjerskim vođama. Savao nije volio kršćane. Smatrao je svojom dužnošću pronalaziti kršćane i bacati ih u zatvor. Pomagao je u njihovu progonu i ubijanju.

Odlazio je i u druge gradove i tražio kršćane. Na putu u udaljeni Damask dogodilo se čudo.

Kad je došao nadomak grada, obasjala ga je snažna svjetlost. Dolazila je s neba, a bila je toliko sjajna da je Savao oslijepio.

Tada je začuo glas s neba. “Savle, zašto se boriš protiv mene?”

“Tko si ti, gospodine?”, upitao je Savao.

“Ja sam Isus”, odgovorio je glas.

Isus je rekao Savlu da ode u grad. “Čekaj tamo”, rekao je Isus. “Poslat ću nekoga da ti kaže što trebaš činiti.”

Savao je zamolio suputnike da ga dovedu do grada. Odveli su ga do jedne kuće u gradu.

Savao je molio tri dana i tri noći. Onda mu je Bog poslao kršćanina koji se zvao Ananija.

Ananija je dodirnuo Savlove oči. Istoga je trena Savao progledao. “Isus te odabrao da budeš apostol”, rekao mu je Ananija. “Baš kao što su Petar i Ivan.”

Istoga se dana Savao krstio. Više nije mrzio kršćane, sad je postao jedan od njih. Promijenio je ime u Pavao i proveo ostatak života govoreći ljudima o Isusu.

Pavao u zatvoru

Pavao je obilazio mnoga sela i gradove. Govorio je istinu o Isusu kraljevima, sucima i običnim ljudima na ulici. Tisuće su postale kršćanima jer su slušali što im govori.

Pavlu nije bilo lako otkad je postao kršćanin. Neprijatelji su ga ocrnjivali. Tukli su ga i bacali u tamnicu. Sve zato jer je poučavao o Isusu.

Dok je jednom prilikom bio u zatvoru sa Silom, obojica su pjevali i molili. Bilo im je teško, ali su slavili Boga pjesmom.

Odjednom su se zidovi počeli tresti. Potres je pogodio zatvor, a sva su se vrata širom otvorila. Pavao i Sila imali su priliku pobjeći, ali su ostali na svome mjestu.

Čuvari zatvora bili su prestrašeni. Ako im zatvorenici pobjegnu, sigurno će ih kazniti, možda i pogubiti.

Pavao je viknuo čuvarima: "Ne brinite se. Svi smo ovdje. Nitko nije pobjegao."

Jedan je čuvar dotrčao. Zaista, bilo je kao što je Pavao rekao, svi su bili tu.

Taj je čovjek znao da Pavao i Sila vjeruju u Isusa. Slušao ih je kako hrabro pjevaju, mole i slave Boga. Rekao je Pavlu: "I ja želim biti kršćanin."

Izveo je Pavla i Silu iz zatvora, dao im nešto za jelo i pozvao svoju obitelj da im se pridruži. Zatim su, usred noći, on i njegova obitelj otišli s Pavlom i Silom do vode. Krstili su se i te noći postali su kršćani.

Pavlove pisane poruke

Pavao je posjećivao mnoga mjesta. Svugdje je imao kršćanske prijatelje. Kad bi bio daleko od njih, pisao im je duga pisma. Ohrabrivao ih je ili ih opominjao. Sve je to činio s mnogo ljubavi. Poučavao ih je kako da ostanu na Isusovu putu. Uvijek je žarko molio da ih Bog sačuva od zla.

"Budite dobri jedni prema drugima", često je govorio. "Budite kao Isus. Odnosite se prema ljudima onako kako se on odnosio."

Govorio je djeci da poštuju svoje očeve i majke. Govorio je roditeljima da pokazuju ljubav i poštovanje prema djeci. Savjetovao je muževima i ženama da se vole.

Svima je govorio: “Najviše što možete učiniti za ljude je da ih volite. Budite strpljivi s njima i činite što je najbolje za njih. Ne lažite, ne varajte, ne kradite. Govorite samo dobro o ljudima, a loše zaboravljajte.”

Također je pisao: “Marljivo radite i ne budite lijeni. Podijelite što imate s drugima. Živite u miru sa svima. Ne svađajte se.”

Pavao je uvijek naglašavao: “Sjetite se da je Isus uskrsnuo. On je sada na Nebu i želi da i mi dođemo k njemu. Kad umremo, to će biti kao san nakon kojeg se budimo u Nebu.”

Pavao je neka od svojih pisama pisao iz zatvora. Ohrabrivao je kršćane: “Ne brinite se za mene, Isus se brine za mene. Iako sam u zatvoru zbog Isusa, ja sam i ovdje sretan.”

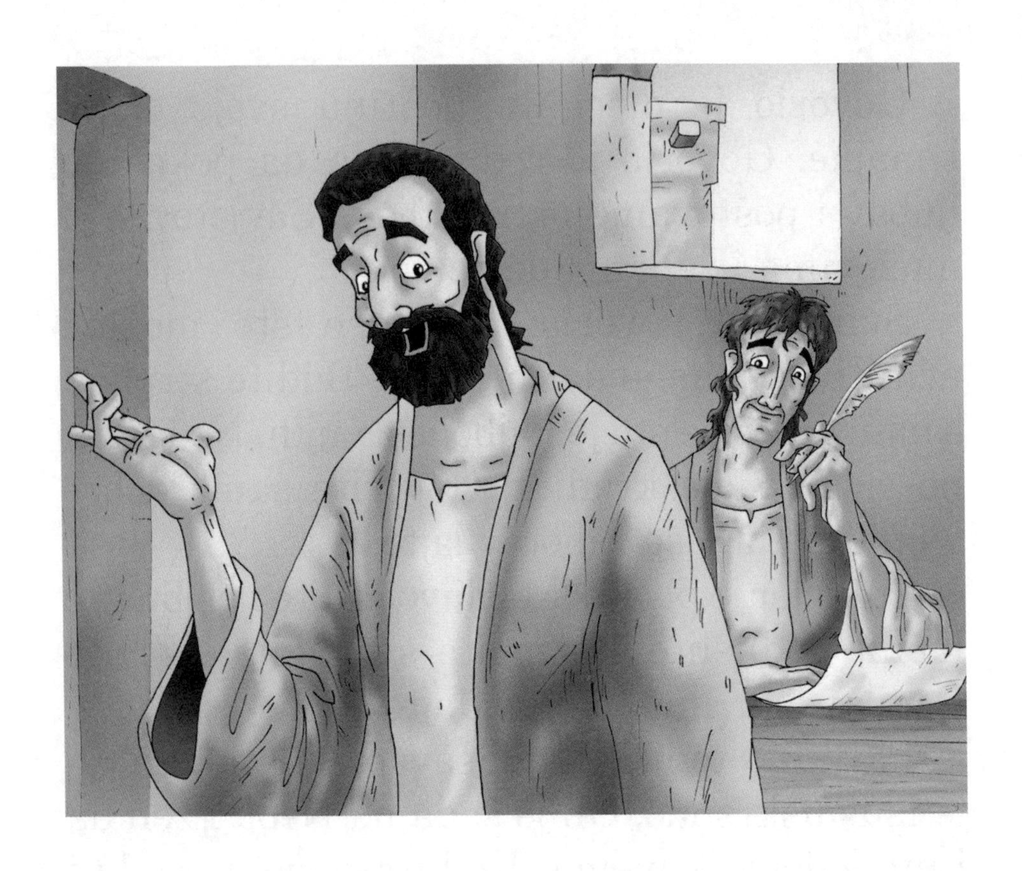

Petrova i Ivanova pisma

Nije samo Pavao pisao pisma kršćanima. Pisali su ih i Petar i Ivan. Petar je volio pisati kršćanima: “Bog vas je odabrao, baš kao što je odabrao Izrael. Vi ste Bogu posebni, i zato budite najbolji što možete.”

Petar je također opominjao: “Nekima se neće svidjeti kad odaberete ono što je dobro. Morate biti hrabri i činiti ono što je ispravno, čak i ako vas prijatelji ismijavaju.”

“Kad su ljudi zli prema vama”, dodao je Petar, “mislite na Isusa. On je bio dobar, a ipak su ga ubili. On je prema svima bio dobar. Budite kao Isus! Budite dobri čak i prema onima koji su prema vama zli.”

Ivan je htio da kršćani budu dobri. U svojim je pismima uvijek govorio o ljubavi. “Ako želite biti Božji ljudi, morate voljeti jedni druge”, pisao je.

Ivan je poučavao: “Kad volimo, onda je lako činiti ono što je ispravno. Kad volimo, ne možemo mrziti. Kad volimo, ne kršimo Božje zakone. Ljubav nam pomaže kad smo siromašni, bolesni ili gladni. Ljubav je uvijek spremna davati. Ljubav dolazi od Boga, jer Bog je ljubav.”

Ivanu se otvorilo Nebo

Ivan je živio dulje od ostalih apostola. Doživio je duboku starost. Nikad nije prestao poučavati ljude o Isusu.

Kad je već bio star, Ivana su ponovo uhitili. Osudili su ga da ostatak života provede na jednom otoku. Neprijatelji su bili zadovoljni

jer su mislili da ondje više nikoga ne može poučavati o Isusu.

No, Ivan je i dalje mogao pisati. To je i učinio. Napisao je važnu knjigu i poslao je svojim prijateljima.

Knjiga govori o tome što se Ivanu dogodilo jednoga dana na otoku. Bila je nedjelja i Ivan je slavio Boga. Odjednom je vidio otvoreno Nebo, tamo gdje je Bog.

Prvo je vidio Isusa, odjevena u bijele haljine. Zatim je vidio Božje prijestolje. Tisuće anđela bilo je oko prijestolja, i svi su slavili Boga.

Kasnije su neki anđeli razgovarali s Ivanom. Pokazali su mu budućnost.

Vidio je sve strahote koje su se dogodile na Zemlji. Vidio je ratove, potrese, uništene gradove. Ali u svemu tome Bog se uvijek brinuo za one koji mu pripadaju. Bog je poznavao svakog od njih po imenu. Oni su voljeli i štovali Boga.

Kad bi kršćani umrli, Ivan ih je ponovo vidio žive u Nebu. Stajali su pred Božjim prijestoljem, a Bog je bio zadovoljan jer su živjeli primjerenim životom na Zemlji.

Bog im je govorio: "Živjet ćete sa mnom zauvijek."

Predivan grad u Nebu

Ivan je u Nebu vidio predivan grad. To je bilo mjesto gdje kršćani žive nakon smrti.

Nikad nije vidio nešto tako lijepo. Zlato, biserje i drago kamenje bilo je posvuda. Ulice su bile popločene zlatom.

Usred grada tekla je rijeka, a uz rijeku su rasla stabla. Na stablima je bilo prelijepo voće. Oni koji su jeli ovo voće živjeli su zauvijek.

Ovdje ljudi nisu jedni drugima nanosili bol. Nitko nije plakao. Grad je bio ispunjen radošću i srećom.

Grad je bio obasjan čudesnom svjetlošću. Nigdje nije bilo tame. Svjetlost je dolazila od Boga, koji je živio u srcu grada.

Ivan je bio uzbuđen na pomisao da će Bog i njemu dopustiti da živi u tom gradu. Tamo će biti svi apostoli, kao i svi kršćani. Nema ništa divnijeg od toga.

Ivan je znao da će se sve ovo dogoditi kad se Isus ponovo vrati. I zato je Ivan završio ovu posljednju knjigu riječima: "Dođi brzo, Isuse! Dođi brzo!"

Popis biblijskih tekstova

Popis odlomaka iz Biblije na kojima se temelje priče u Bibliji za djecu:

Stari zavjet

Početak svijeta .... *Postanak 1*
Prvi muškarac i žena .... *Postanak 2-3*
Prva braća.............................. *Postanak 4*
Noina velika arka .... *Postanak 6:9-7:24*
Božje obećanje Noi .... *Postanak 8*
Abraham vjeruje Bogu .... *Postanak 12:1-5; 15:1-5*
.... *Postanak 18:1-15; 21:1-8*
Žena za Izaka .... *Postanak 24:1-61*
Jakov vara svoga oca .... *Postanak 24:61-67;*
.... *Postanak 25:19-34; 27:1-29*
Jakov bježi kako bi spasio život .... *Postanak 27:30-28:22*
Jakovljeva velika obitelj .... *Postanak 29:1-33:17*
Omiljeni sin .... *Postanak 37*
Josip u zatvoru .... *Postanak 39-40*
Kralj postavlja Josipa za vođu .... *Postanak 41*
Josipova braća dolaze u Egipat ...... *Postanak 42-47*
Dijete u košari .... *Izlazak 1:1-2:10*
Mojsije i gorući grm .... *Izlazak 2:11-4:31*
Kralj kaže: "Ne!"....................... *Izlazak 5-8*
Mračan dan u Egiptu .... *Izlazak 9:1-12:41*
Prelazak preko mora .... *Izlazak 14*
Bog hrani svoj narod .... *Izlazak 16-17*

Novi zavjet

Sadržaj

STARI ZAVJET

Sadržaj

NOVI ZAVJET